小学館文庫

ときどき、京都人。

永江 朗

小学館

ときどき、京都人。

「ときどき」生活だから見えてくる京都の知恵——まえがきにかえて——

ひと月のうち一週間から一〇日間ほどを京都で暮らしている。東京と京都の二都生活。だから「ときどき、京都人」である。

二都生活をはじめたのは二〇一一年の四月末だった。東日本大震災の影響かと訊かれることもあるが、そうではない。前年に古い町家を入手し、改装するのに一年かかった。そのあたりの経緯については『そうだ、京都に住もう。』(京阪神エルマガジン社。現在、小学館文庫)に書いた。

東京から京都に移動する日は、午前一一時ごろ新横浜駅を出る新幹線に乗る。車中で弁当を食べて、午後一時に京都駅着。途中で食材などを買い、わが家に着くのは二時ごろである。三週間の留守中に異常がなかったかを点検してから一週間分の食材を買いに出かけ、予約した店で晩ごはんを食べる。

京都では、朝は夜明けとともに起きて、仕事をはじめる。近くの下御霊《しもごりょう》神社にお参りして、井戸水をいただく。妻が朝ごはんをつくるあいだ、わたしはその水でコーヒーを淹《い》れる。仕事は午前中で終了。午後からは観光客に徹する。ひたすら歩く。寺の庭を眺め、鴨川の河原に腰を下ろし、路地裏を探検する。古本屋を覗き、喫茶店に入る。夕方、酒を飲みながら早めの晩ごはんを食べて帰宅。DVDや配信で映画を観たり、お茶を点《た》てたりしたのち、床に入って本を読む。こうして一週間がすぎていく。

京都から東京に移動する日は、朝から洗濯と掃除。その合間に仕事。お昼ごはんを進々堂で食べ、乾いた洗濯物にアイロンを掛けてクローゼットにしまい、家の中を点検して鍵を掛ける。京都駅で夕方の新幹線に乗る。

毎月の「ときどき、京都人」生活の中で、いろんなものを発見してきた。驚いたり、感心したり、呆れたり。「ときどき」とはいえ、京都に住んでいるからこそ見えてくるものもあれば、「よそさん」だからこそ気づくこともある。

思ったのは、京都には都市生活のヒントがたくさん詰まっていること。狭いところに集まって住むにはどうすればいいかを京都の人は心得ている。京都の暮らしは古くて新しい。

目次

装丁　山田満明
イラスト　辻井タカヒロ

第一章　ときどき、暮らして見えてきた

水の都

わたしの京都の朝は、水くみから始まる。といっても、すぐ近くにある下御霊《しもごりょう》神社の手洗舎で二リットルほどの水をいただくだけなのだが。水をいただき、お賽銭を入れて鈴を鳴らし、お参りをする。この水をわかしてコーヒーを淹れる。残りの水は湯冷ましにして、仕事の合間に飲む。くせなく、やわらかな水だ。

下御霊神社の水のファンは多くて、手洗舎にはときどき行列ができる。大量にくむのは遠慮するように、と掲示されているのだが、なかには半ダースほどのペットボトルや、大きなポリタンクを持ってくる人も。二リットル容器ひとつのわたしを見て、「お先にどうぞ」と声をかけてくれる人も多い。順番を待ちながら「暑うなりましたな」などと言葉を交わす。

下御霊神社の創建は九世紀にさかのぼる。陰謀によって自害に追い込まれた桓武天皇第三皇子・伊予親王と、その母藤原吉子らの霊を慰めるためにつくられたのがはじまり。うんと平たくいうと、平安遷都直後の政争犠牲者をお祀《まつ》りしているのである。

どうぞ祟《たた》らずに、この街を見守ってください、と。

　社伝によると、明和七年（一七七〇年）、市中が干魃《かんばつ》に見舞われたとき、当時の神主が夢のお告げに従って境内を掘ったところ水が出た。これを「感応水」と名づけたのが起源。今は御霊水と呼ぶ。いちど戦時中に涸《か》れてしまったが、三〇年ほど前に井戸を掘り下げて復活したという。

　京都は地下水が豊富だ。わが家の近所だけでも、下御霊神社のほかに、梨木《なしのき》神社や旧銅駝《どうだ》美術工芸高校脇の銅駝会館など、水の名所がある。それぞれ微妙に味が違うそうだ。

　考えてみると、酒造りも豆腐や湯葉も、そして染め物や野菜も、京都盆地の豊富な水があってこそ可能なもの。じつは京都は水の都なのだ。しかも、その水の多くは地下を流れていてあまり目立たない。

鴨川とペタンク

　鴨川べりを散歩していて、ふしぎなゲームをしている人びとを見かけた。ひとりずつ金属の球を転がしている。はじめはスティックを使わないゲートボールなのかと思った。よく見るとそうではなさそう。球は野球のボールと同じぐらいだ。

見ていて思い出した。伊丹十三のエッセイ『ヨーロッパ退屈日記』に出てくるゲームである。伊丹は南仏のゴルドという地方で別荘暮らしをしたときに目撃したのだそうだ。「南仏の村人達のリクリエイションは、ペタンクという球戯であるが、これは、見る人に少々哀れを催させるほどに単純なゲームである」と伊丹は書いている。ちなみに同書が出たのは一九六五年。

ペタンクはフランス生まれのゲームである。ビュット（伊丹は「コショネ」と書いている）と呼ばれる目印の球に向けて金属のボールを投げ、ビュットに近いほうが高い点を得られる。確かに単純だ。三人対三人、二人対二人、一人対一人のゲームがある。

単純だが奥が深そうだ。自チームが投げたボールに当ててビュットに近づけたり、相手チームのボールを動かしたり、いろいろと細かいテクニックを駆使する。地面の状態も読まなければならない。身体だけでなく頭も使うゲームだ。体力よりも集中力が大事か。

京都はペタンクが盛んな街で、気をつけて見ると、鴨川べりだけでなく、いろんなところでペタンクをしている人に遭遇する。ゲートボールほど熱くなることはないようで、皆さん和気あいあいとやっている。鈍く銀色に光るボールといい、どこか優雅である。

京都御苑（御所）の富小路《とみのこうじ》グラウンドでもよく競技が行われているし、ペタンクサークルへの誘いも街なかのポスターなどで見かける。ゲートボールやグラウンド・ゴルフをする人もいるのだろうけど、フランス生まれのペタンク愛好者が多いというところが、ちょっと京都っぽい。

鴨川デルタ

誰が名づけたのか、鴨川デルタ。西から流れる賀茂川と東から流れる高野川が合流する地点、二つの川にはさまれた陸地部分を京都の人びとはこう呼ぶ。

本来、デルタ（三角州）は、「河水の運搬した土砂が、河口に沈積して生じたほぼ三角形の土地」（『広辞苑』より）のことだから、地学的には意味が違うのだけれども、たしかにここもギリシア文字Δを逆さまにしたかたちをしている。この合流地点から川の名前は鴨川になる。

今出川通を歩いて賀茂大橋を渡るのが気持ちいい。橋のまんなかあたりから北を眺めると、鴨川デルタと葵《あおい》公園、その向こうの糺《ただす》の森が見える。糾の森の奥には下鴨神社がある。東を向けば如意《にょい》ヶ嶽《だけ》と「大」の字が、北東には比叡山が見える。霊感ゼロでスピリチュアル方面にうといわたしだが、ここに立つとなんとなく神妙な気持ちになる。

晴れた日の鴨川デルタとその周辺はにぎやかだ。小さな子供を連れて遊ぶ家族。並べられた大きな飛び石を伝って川を渡る人。サックスやトランペットなど楽器を練習する人。昼寝をしたり、本を読んだり、ただぼんやりとしている人もいる。暖かくなるとビニールシートを敷いてお弁当を食べる人も。トンビが旋回しながらおかずを狙っている。

最近は映画やアニメの舞台になることも多く、近所の人だけでなく、遠方からわざわざ来る人も増えた。若者の姿が目立つ。

かつて毎月二二日には、鴨川デルタに巨大なショートケーキが出現した。二二日は「ショートケーキ」の日である（その理由はカレンダーを見ていただきたい。毎月二二日の上には一五日、そう、イチ・ゴが載っている）。

ヌートリアが鴨川を泳ぐ

「京都では住宅街にオオサンショウウオが出没するそうですが、見たことはありますか」と知人に訊かれた。京都ではときどきオオサンショウウオが出没する。それも高野川や桂川の上流だけでなく、鴨川の四条大橋付近でも出没することがあるという。残念ながらわたしは梅小路《うめこうじ》公園の京都水族館でしか見たことがない。

オオサンショウウオ（大山椒魚）はいま生きている最大の両生類で、体長は一メートル五〇センチにもなるそうだ。山間のきれいな水に棲むというから、京都の川の水はきれいなのだろう。

オオサンショウウオはまだ見ていないが、野生のヌートリアなら見たことがある。カワウソやカピバラに似た小動物である。二〇一四年の元日、下鴨神社にお参りした帰り道、葵橋の近くの河原で見かけた。人馴れしているのか、見物人がいても楽しそうに泳いだり川岸に上がったりしていた。ヌートリアは特定外来生物で、京都府と京都市は一四年の春から実態調査のための捕獲を始めた。あのヌートリアも捕獲されたのだろうか、その後はあまり見かけない。

京都市は人口一四四万人の大都市だが、市街地の近くでも野生動物がわりとよくあらわれる。銀閣寺のあたりには、シカやイノシシ、タヌキが出るそうだ。

わたしがいちばん驚いたのはアルパカだ。数年前、烏丸通《からすまどおり》の三条付近で遭遇した。信号待ちをしていると、向かい側にアルパカらしき動物がいた。もちろん野生ではなく、箒《ほうき》やちり取り、バケツを持った人がついていた。ちょうど森見登美彦さんが朝日新聞に連載していた小説『聖なる怠け者の冒険』にアルパカそっくり男が登場したころのことである。そこで、あるイベントで会った森見さんに「あのアルパカ男は、ぼくが烏丸通で遭遇したアルパカがモデルでしょうか？」とたずねた。すると森見さんは「京都の街をアルパカが歩いていたのですか！」と驚いていた。

高瀬川

木屋町通の脇を高瀬川が流れている。江戸時代のはじめに角倉了以《すみのくらりょうい》と息子の素庵《そあん》がつくった運河だ。角倉素庵は実業家としてだけでなく、芸術のパトロンとしても知られる。本阿弥光悦と俵屋宗達がコラボした「嵯峨本《さがぼん》」をプロデュースしたのは素庵だったし、宗達の「風神雷神図」は素庵の追善のために描かれたという説もある。

はじめて高瀬川を見たときは驚いた。というか、正直にいうと、がっかりした。こんなに狭くて浅いとは！　運河というので、北海道生まれのわたしは、小樽にあるようなものだと思い込んでいたのだ。森鷗外の『高瀬舟』を高校の教科書で読んだときも、もっと大きな川を想像した。「高瀬舟は京都の高瀬川を上下する小舟である」と小説は始まる。京都の罪人を高瀬舟で大阪に運んだと書いてある。

高瀬川の起点は日本銀行京都支店の裏側にある一之船入《いちのふないり》。復元された高瀬舟が浮かんでいる。では、高瀬川の水はどこから流れ込んでくるのか。一見したところ、まるで一之船入で水が湧き出しているかのよう。よく見ると、木屋町通の下をくぐって流れ込んでいる。

木屋町通を挟んで一之船入の向かいにあるのが和食料理店の「がんこ高瀬川二条苑」。ここはかつて角倉了以の別邸があったところで、明治時代は山県有朋が別邸を置いていた。この庭に高瀬川の源流がある。

さらにたどって二条大橋の右岸たもとを見ると、鴨川の脇を流れる禊《みそそぎ》川が二つに分かれているのがわかる。鴨川デルタなど川が合流するところはよく見かけるけど、分流する場所はめずらしい。

高瀬川は十条付近まで続き、鴨川に合流する。五条あたりまでの木屋町通には飲食店がぎっしり建ち並ぶ。ひと昔前は強引な客引きもいたが、最近は安心して歩けるようになった。ひところゴミだらけで自転車まで投げ入れられていた高瀬川も、すっかりきれいになった。桜の季節などは夜間のライトアップもある。蒸し暑い梅雨の夜なども、川を眺めながら歩くのは気持ちがいい。

山は湿度計

京都は南を除く三方を山に囲まれている。高い建物がないので街のどこからでも山がよく見える。たとえば四条通や御池通、丸太町通など広い道を渡るとき、東西に目を向けると通りの先に山が見える。東京の都心からでも高いビルに上がれば秩父や丹沢、ときには富士山も見えるが、しかしそれははるか彼方にあって、京都のように山が迫ってはいない。京都が大都市にもかかわらず自然豊かに感じるのは山のおかげだろう。

この山の見え方が、その日によって違う。

くっきりと木々の一本一本まで識別できるかというほどよく見える日がある。かと思うと、薄ぼんやりとシルエットのようになっているときもある。強い雨が降っているときはまったく見えない。

山がよく見える日は湿度が低く、空気が澄んでいる。湿度の高い日は、たとえ晴れていても、山が白っぽく見える。山を見れば湿度がわかる。山の景色が天然の湿度計の役割を果たしている。新聞の気象欄で最高気温や湿度や降水確率を数字で確認するのとはひと味違った気分だ。

山の中腹に白い雲が浮かんでいたり、あるいは灰色の雲が裾野まで垂れ込めて何も見えないときもある。晴れているのに急に雲がわいてきたり、風で流れていったり、いつまで見ていても飽きない。

京都を囲む山々の中でも、格別の存在感を持っているのが比叡山だ。京都の人びとが「お山」と呼ぶのは、天台宗の総本山延暦寺があるからだけではないだろう。標高は大比叡（大岳）で八四八メートル、四明岳《しめいだけ》で八三九メートルというから、高い山というわけではない。しかし堂々とした姿だ。こちらから見えるということは、あちらからも見えるはず。「お山」に見守られているという気持ちになってくる。

京都で暮らす猫たち

二〇一五年三月の市議会で、野良猫への餌やりを禁止する条例ができた。違反すると五万円以下の罰金（過料）だそうだ。「子猫が飢え死にしてしまう」「条例を知らない旅行者が餌をやっても罰金なのか」など、心配や反発する声も聞こえてくる。

猫好き、動物好きのわたしとしても、複雑な気持ちだ。散歩していて猫に出会うと、幸せな気持ちになる。「チチチッ」と舌を鳴らして呼んだりもする。たいてい無視される。

京都の猫たちは、都会の動物にしては珍しくのんびりしている。人が通りがかっても、大あわてで逃げるようなことはしない。落ち着いてゆっくり歩いて去っていく。安心しているのか、ふてぶてしいのか。そんな後ろ姿を見ても心がなごむ。

しかし同時に、猫の糞尿に困っている人の気持ちもわかる。東京のわたしの家の庭はときどき猫のトイレにされる。臭いも困るが、衛生面も心配だ。コーヒーの出し殻をまいたり、猫よけの薬剤を置いたりと、苦労している。残念ながら決定打はない。「かわいい」「かわいそう」だけで餌をやるのはいかがなものかと思う。

もっとも、京都市のサイト「京都市情報館」で「『京都市動物との共生に向けたマナー等に関する条例』の制定について」という広報資料を読むと、問答無用で餌やりを禁止するようなものではなさそうだ。たとえば第九条では「所有者等のない動物に対して給餌を行うときは、適切な方法により行うこととし、周辺の住民の生活環境に悪影響を及ぼすような給餌を行ってはならない」とされている。餌をやったら即罰金ということではなく、まず勧告があって、それでもしたがわないときは、ということのようだ。

寺町通二条上ルの豆菓子屋、船はしや総本店には、猫店長のシロがいる。店の前を通ると必ず「店長はいるかな」と覗いてしまう。店の人に「どうぞ、なでてやってください」といわれ、なでている人もいる。なでると、何か買わなくてはと思う人も多く、「では、五色豆をひと袋」となる。猫店長は寝てばかりいるようでいて、けっこう稼ぐのである。

鍾馗さん

　京都では中屋根（一階部分の屋根）に小さな人形を載せている町家をよく見かける。鍾馗《しょうき》さんだ。中国の魔除けの神様で、唐の玄宗皇帝の夢に現れたのがその始まりだと伝わる。

　鍾馗さんそのものは、端午《たんご》の節句の五月人形にもなっているので全国的に知られているが、屋根に上げているのは近畿地方、それも京都や滋賀に多く見られるらしい。材質は瓦と同じ焼き物である。よく見ると大きさやデザインなどにさまざまなバリエーションがある。金ぴかの鍾馗さんもいれば、二つ、三つと並んでいる場合もある。

　わたしたちの家には、はじめ、鍾馗さんが載ってなかった。最初からいなかったのか、以前の住人が持っていったのかは不明だ。そこで、改装して住むとき、ぜひ鍾馗さんがほしいと思った。どうせなら古いもののほうがいいと考え、あちこち探そうとしたら……家の売買を仲介してくれた不動産屋に反対された。

「鍾馗さんは悪いもんをパクパク食べてくれはりますから、古い鍾馗さんはもうお腹いっぱいですわ。新しい鍾馗さんに来ていただくのがよろしい」

なるほど。というわけで、西陣の瓦店に注文して、新品の鍾馗さんを購入した。改装を設計した建築家は鍾馗さんが立つ真鍮のステージを作ってくれた。散歩しながらあちこちの鍾馗さんを観察すると、まれにステージに載った鍾馗さんもいるし、屋根つきの住まいにいる鍾馗さんもいる。

わたしたちが鍾馗さんをつけてしばらくすると、お向かいの家でも鍾馗さんをつけた。どうやら鍾馗さんは邪悪なものを跳ね返す力があるようで、わが家だけに鍾馗さんがあると魔物はお向かいに行ってしまうのだ。相殺《そうさい》するためにお向かいもつけたのだろう。ちょっと悪いことをした。

いくら科学が発達しても、天変地異をはじめ人間の力ではどうにもならないことがある。だからわたしたちは祈る。屋根の上で剣をかまえる鍾馗さんには、そんな謙虚な気持ちが込められている。

「うだつ」ってなんだ？

「うだつがあがらない」

意味は知っていても、今はあまり使われない言葉だ。とくに若い人の口から出たのを聞いたことがない。消えつつある日本語のひとつなのかもしれない。

仕事でなかなか成功しない、出世しない、いまひとつパッとしない人を形容するのに使う。「あいつは、うだつがあがらないね」なんて。だから面と向かって使ってはいけない。不思議なことに「うだつがあがらない」とはいっても「うだつがあがったね」とはめったに聞かないから、罵倒《ばとう》語に近いかもしれない。

「うだつがあがらない」は「梲が上がらない」、または「卯建が上がらない」と書く。

「梲」も「卯建」も建築の言葉だ。辞書によると、もとは「うだち」といい、梁《はり》の上に立てて棟木を支える短い柱のこと、または、民家の妻の壁面を屋根より高く造った部分や外側に張り出した袖壁のことだという。

京都の古い町家には、後者の「うだつ」がときどき見られる。といっても、どの町家にでもあるわけではない。散歩していて「うだつ」を発見すると、ちょっと得した気分になる。「うだつがあがったんだね」と、心の中で家主を讃える。

　わたしの住まいもそうだが、京都の町家は隣とくっついて建てられていることが多い。長屋と違って一軒一軒独立した戸建てではあるのに、隣家との距離はゼロである。この境目のところに「うだつ」を建てる。もとは火事の際に燃え移るのを防ぐためだったようだが、のちには装飾的な意味のほうが強くなったそうだ。「うだつ」は経済的成功の証しというわけである。

　ちなみに、わたしの住まいは、「うだつ」があがっていない。

犬矢来

　京都では犬矢来《いぬやらい》のついた建物をよく見かける。犬矢来は道路に面した建物の下部を、曲げた竹などでおおうもの。『広辞苑』によると、「矢来」は竹や丸太を縦横に粗く組んで作った仮の囲いのことで、「遣《や》らい」（追い払う）の意味。「矢来」は当て字だそうだ。

なぜ犬矢来と呼ぶのかというと、犬のマーキングから建物を守るためだとか。道路際にセットバックなしで家屋が建ち並ぶ京都らしい工夫だ。

注意して観察すると、犬矢来にもいろいな種類があることがわかる。いちばんオーソドックスなのは割った竹を並べて、上部を曲げたもの。蒲鉾《かまぼこ》を半分に切ったようなかたちになっている。

竹ではなく木製のものもあるし、最近は金属製のものも増えている。金属製にも赤黒く塗装したものもあれば、ぴかぴかのステンレス製のものもある。かたちも曲線ではなくまっすぐになったものもある。

ヨコタ村上孝之・大阪大学准教授の著書『世界のしゃがみ方』（平凡社新書）を読んで驚いた。犬矢来は本来、犬のではなく人間のマーキング（というか、立ち小便）を防ぐものであるらしい。たしかに先斗町《ぽんとちょう》などには犬矢来のある店が多いけれども、あの狭い通りを多数の犬がマーキングして歩くとは思えない。ちょっと飲んでいい気持ちになった人なら……犯罪です。

犬矢来ではなく、立ち小便禁止の鳥居をつけた建物もけっこうある。この前、観光客とおぼしきブロンドの女性が、鳥居を興味深そうに観察し、写真を撮っていた。なにか神聖なものだと思ったのかもしれない。

さらにヨコタ准教授は、犬矢来はたんに立ち小便を禁止するだけでなく、小便担桶《たご》という一種の公衆トイレに誘導するためではないかという荒俣宏の説を紹介している。「こちらではダメだから、あちらでどうぞ」というわけだ。かつて排泄物は肥料として売るものだった。屎尿《しにょう》を集めるとお金になったのだ。

京都は公衆トイレがわりと充実しているが、もしかしたら江戸時代からの伝統があるからなのかもしれない。

安心の京都のトイレ

わたしが京都を好きになった理由のひとつにトイレがある。観光地を歩いていて、心配事のひとつがトイレだ。「さっきの店で借りておくんだった」と後悔したことが何度あるだろう。

ところが京都は安心だ。京都の街のあちこちに公衆トイレがある。ひとむかし前の公衆トイレには、「古い・汚い・臭い」というイメージがあったが、順次リニューアルも進んで、きれいで快適なところが多い。トイレットペーパーも完備されている。

京都は公衆トイレ先進都市である。なにしろ江戸時代から街のあちこちに公衆トイレがあったというのだから。『南総里見八犬伝』などで知られる戯作者、曲亭馬琴の紀行文『羇旅漫録《きりょまんろく》』の第八二段、「女児《おなご》の立小便」という章に「京の家々厠の前に小便擔桶（担桶・たご）ありて。女もそれへ小便する。故に。富家の女房も小便は悉く立て居てするなり」というくだりがある。後世に伝わる「京の女の立ち小便」である。

しかも京都には公衆トイレだけでなく「観光トイレ」というものもある。市のサイト「京都市情報館」によると、「多くの観光客等が訪れる場所にある民間トイレ所有者の皆様の御協力を得て、観光客や市民の皆様向けに開設されたトイレです」とのこと。市から助成金も出ている。

また、市のサイトからは「京都市の公衆トイレマップ」のＰＤＦがダウンロードできる。散歩の強い味方だ。

公衆トイレ・観光トイレには、イラスト中心で四言語併記の啓発ステッカーが貼られている。外国人観光客の急増に対応してのことである。江戸・深川出身の馬琴が京の小便担桶に驚いたように、ところ違えば、トイレの使い方も変わるのだ。

京都を訪れる修学旅行生

京都駅で新幹線を降りると、構内は修学旅行の中学生たちでいっぱいだった。京都では一年中、修学旅行生を見かける。

最近の中学生は行儀がいい。駅構内では先生や添乗員の指示に従っておとなしく座っているし、移動するときも整然と歩いている。昔のわたしのように、友達とふざけてじゃれ合い、叱られている生徒なんていない。大声を出す子もいない。

銀閣寺や清水寺《きよみずでら》などでは、少人数のグループでタクシーを借り切って移動する生徒たちをよく見かける。バスガイドではなくタクシー運転手がお寺や土産物屋を案内して回っている。なんだか贅沢なような気もするけど、タクシーなら小回りがきくし、はぐれて迷子になる心配も少ないから、意外といいかもしれない。

市バスや地下鉄で移動するグループもある。河原町通を必死の形相で駆けてくる中学生の一団がいて、何ごとかと見ていると、市バスを追いかけているのだった。「二〇五番のバスはちょっと待てば次が来るから、追いかけなくてもいいんだよ」と伝えたかったが、すでに声が届かないくらい遠くまで行っていた。

たまに彼らから道を聞かれることがある。ものおじせずに聞いてくるのはたいてい女の子で、男の子はうしろのほうでモジモジしている。男の子が頼りないというよりも、たぶん他人にものを尋ねるのが恥ずかしいのだろう。教えてあげると全員で「ありがとうございます」と頭を下げる。行儀がよすぎて、ちょっと心配なくらいだ。

早朝、鴨川べりを散歩していると、向かいからジャージ姿の一団がやってきた。五〇人ぐらいはいるだろうか。修学旅行の中学生が、朝ごはんの前に散歩しているらしい。先頭は引率の先生らしく、歩きながら腕を回したり腿を高く上げたりと元気がいい。その後ろを男女の生徒たちがダラダラとついていく。「眠いけど、しょうがないなあ。ここはひとつ、先生につきあってやるか」とでもいうように。今どきの子供はやさしい。

高速の托鉢僧

朝ごはんを食べていると、外から「あー」とも「うー」ともつかない声が聞こえてきた。腹の底から響くような低音で、よく響く。托鉢《たくはつ》する雲水の声である。そうか、解夏《げげ》。真夏のあいだ僧侶が外に出ずに修行する夏安居《げあんご》が終わったのだ。歩いてきた方角から考えると、相国寺《しょうこくじ》のお坊さんだろうか。

あの声を初めて聞いたときは何事かと驚いた。あわてて窓から見ると、笠をかぶって法衣を着た雲水が、言葉を唱えながら歩いていく。

何と唱えているのか。はじめは「あうーん」といっているように聞こえた。「阿吽《あうん》の呼吸の阿吽」、仁王さんや狛犬の相《そう》と同じ。「万物の初めをあらわす阿と、終わりをあらわす吽を唱えながら歩くのか。哲学的だなあ」とひとり合点していた。

だが、気になって調べてみると、あれは「ほうう」と唱えているらしい。「法雨」と書く。『大辞泉』を引くと「仏の慈悲が衆生《しゅじょう》をあまねく救うことを、雨が万物を潤すことにたとえた語」と書かれている。「皆さんに仏様のご加護がありますように」というような意味だろうか。慈悲と加護はちょっと違うか。

いちど喜捨《きしゃ》させていただきたいと思っているけど、なかなかかなわない。というのも、雲水の歩くスピードが速いのだ。わたしの目測では時速六キロぐらい。「ほうう」の声が聞こえて慌てて外に出ても追いつかない。玄関前を掃除しているときなど、財布を取りに行く暇もないし。こんどから掃除するときはポケットに財布を入れておこう。

ろうじ

路地と書いて「ろうじ」と読む。アクセントは「う」にあり、「ろーじ」に近い。「ろおじ」と発音する人もいる。建物と建物の間の細い道だ。人がやっと通れるほどの道幅だが、その奥には京都人の日常がある。

N先生は同じ町内のお医者さん。はじめてご挨拶したとき「怪我なんてもんは、ツバでもつけとけば治ります」とおっしゃった。診療所は午前中と夕方からが診療時間で、昼間のN先生はよく散歩をしておられる。あるとき、寺町通で出会って立ち話をしたあと、N先生は民家と民家の間のせまい道に入っていった。これが路地か、とわたしは入口を少し見つめ、先生のあとについていった。路地初体験だ。民家の軒先が続くだけの道だが、植木があったり自転車が置いてあったり、まるで住宅の一部のようになっている。ジロジロ見るのは悪いと思い、ひたすらN先生の背中を追いかける。

路地には通り抜けられるところと、袋小路とがある。N先生はそのまま路地を突き抜け、ひとつ向こうの通りに出ると、そのまま道を曲がってどこかへいってしまった。

多くの路地はそこに住む人だけの生活圏なので、よそ者が入り込むのは好ましくない。だが最近は、こうした路地の奥の町家を利用した店舗が増えている。古書店や骨董店、カフェなどだ。総じて若い店主の店が多い。ちょっとした隠れ家的雰囲気だし、表通りとは違う時間が流れている。

そういえば、たくさんの飲食店がぎっしりと建ち並ぶ先斗町は、番号をふられた路地が何本もある。路地の奥には安くてうまい店が多い。木屋町通へ抜けられる路地と抜けられない路地があり、しかも途中で折れ曲がっていたりもするので、慣れないと迷ってしまう。スマホの地図アプリ必携だ。

歩いて楽しいまちなかゾーン

コレステロール値が高いので、スマホの歩数計を毎日チェックする。最低でも一日一万歩は歩きたい。東京で一万歩をクリアするには、電車ひと駅分を歩くなど、ちょっと努力が必要だ。ところが京都にいると、どんどん数字が伸びる。一万歩を切る日はめったになく、たいていは一万数千歩。二万歩を超える日も珍しくない。

なぜ京都ではたくさん歩くのか。それは歩いて楽しい街だから。

京都を味わうなら、歩くのがいちばんだ。鉄道、地下鉄、バスにタクシー、さらには人力車まで、公共交通機関は発達しているけれど、歩けばさまざまな発見がある。

京都に住み始めたころは、河原町通や四条通、烏丸通など、広い道ばかり歩いていた。目抜き通りである。だが慣れてくると、広い道と広い道の間にある狭い道を歩くようになった。京都の中心部は碁盤の目になっているから、東西南北さえわかっていれば、知らない道に入っても迷う心配はない。

街は地域によって表情が違う。御幸町通《ごこまちどおり》は若者向けの古着店がたくさんあり、室町通や新町通には繊維関係の会社が多い。夷川通《えびすがわどおり》は家具店が並び、二条通には漢方薬店が集まるエリアがある。

散歩していると「歩」と書かれた看板を見かける。「歩いて楽しいまちなかゾーン」の表示だ。京都市には「歩くまち・京都」憲章というものもある。歩きやすいまちづくりに行政も市民も企業も積極的だ。

今日も腕を振って歩こう。

京都の看板は疲れない

京都の看板は地味だ。チェーン店の看板も他の地域と違っている。セブン-イレブンもマクドナルドもブックオフも、他の街では赤や黄や青の原色が使われているのに、京都では白を基調にして茶やグリーンが使われている。パチンコ店などの点滅する発光看板もないし、ビルの屋上の看板や道路に張り出した袖看板もない。

この地味な看板が心地よい。わたしは東京でもよく散歩をするが、京都よりも疲れるのは、坂道の多さや人びとのせわしなさだけでなく、派手な看板類がもたらすストレスのせいではないかと思う。かつて筑摩書房の名編集者として活躍した藤原成一さんがいった、「京都はいやしのまち」という言葉を思い出す。

京都の看板が地味なのは、全国でもっとも厳しいといわれる景観条例、「京都市屋外広告物等に関する条例」が二〇一四年九月から完全施行されたからだ。赤や黄など原色を使った看板や屋上の看板、道路に張り出した看板などが原則として規制されている。それまでも景観条例はあったが、ほとんど有名無実化していた。新たな条例によって規制強化され、たとえば四条通のパチンコ店にあった巨大な風神雷神の看板は色調がぐっと抑えられた。河原町通のパチンコ店の発光看板も点滅をやめた。新しい条例ができて、中心部の景観はかなりよくなったと思う。

京都市が一六年七月に発表した「京都市屋外広告物印象評価等アンケート」の調査結果によると、屋外広告規制について「とてもよい」「よい」と答えた回答者は六七%。「とてもよくない」「よくない」の六%と比較すると、圧倒的多数の京都市民に支持されている。

そもそも、看板を派手にしたからといって、店の売り上げが伸びるのだろうか。たとえば二軒の牛丼店が並んでいるとする。一方は派手な赤、もう一方は地味な茶の看板。あなたはどちらを選ぶか。店を選ぶ決め手は、牛丼の味であり、値段であり、店の雰囲気ではないか。景観を犠牲にしてまで派手な看板にする意味があるとは思えない。ましてや、乱立する派手な看板が人びとのストレスとなり、街の魅力を減らしているのだとすれば……。

秋の京都は、街路樹や寺院、神社、公園などの木々が色づくだけでなく、街を囲む三方の山々も錦繍《きんしゅう》でおおわれる。春には梅と桜に続いて新緑が萌える。風景とのコントラストを考えたら、看板は地味なほうがいいし、ストレスも少ないほうがいい。

四条通の拡幅

四条通を歩いていたら、いつのまにか歩道の拡幅工事が始まっているのに気づいた。調べると、二〇一四年一一月中旬に着工したらしい。烏丸通との交差点から四条大橋まで歩道が広がる。そして、これが重要なのだが、車道は片側二車線が一車線になる。

計画を知ったときは耳を疑った。道路の拡幅や車道の拡幅は聞いたことがあるけれど、車道を削って歩道を広くするなんて！　全国でもあまり例がないのではないか。

「すばらしい！　いいぞ、京都！」と思わず叫んだ（小声で）。

四条通の歩道はいつも人であふれている。特にバス停付近は、バスを待つ人の行列ができていてなかなか通れない。地下道もあるのだが、知られていないのか、いまひとつ人気がないのか、あまり利用している人はいない。

歩道が拡幅されれば、四条通を歩くのがずいぶん楽しくなる。祇園祭のときの超過密状態も幾分緩和されるだろう。なにしろ、毎年、気分が悪くなって、救急車で運ばれる人が出るほどだから。

もっとも、この近辺で商売をしている人からは反対の声も聞かれる。不便になるからというだけではない。四条通の渋滞が激しくなり、迂回する車が周辺の道路に流れるのではないかと心配する人も多い。

京都の中心部は細い道が多く、歩行者の脇をすれすれで車が通過する。いまでも大変なのに交通量が増えたらどうなるのか。歩行者の安全がおびやかされるのなら本末転倒だ。細い道への流入を防ぎ、広い御池通や五条通などに車をどう誘導していくかが鍵となるだろう。

と、ここまで書いたのが一四年の暮れ。それから十年近く経った。聞こえてくる声は、賛否両論といったところか。「拡幅は失敗や。これで大作（京都市長のこと）の再選はのうなった」という人もいたが、一六年の市長選は門川大作の圧勝だった。なにしろ自公だけではなく、民主党（当時）も社民党も推薦したのだから。得票率は六四％。

拡幅後、京都を訪れる観光客は増え続け、四条通はいつも大混雑している。拡幅していなかったらもっと大変だったろう。並行する綾小路通《あやのこうじどおり》や仏光寺通の交通量が増えたような気もするが、もともと抜け道に使う車は多かった。わたしとしては、拡幅は成功だったと思う。

三条通から信号機が消えた

三条通は歩いていてもっとも楽しい街路のひとつだ。若者向けの洋服店もあれば、江戸時代から続く足袋店や茶釜・茶道具の専門店もある。京都府京都文化博物館（重要文化財・旧日本銀行京都支店）をはじめ、戦前からの古い建物も残っている。飲食店は和洋中をはじめ世界中の料理が楽しめる。この通りには京都のさまざまなエッセンスが凝縮されている。

あるとき三条通を散歩していて「なんか変だな」と思った。以前とどこかが違うのだ。ところがなにが変なのかわからない。何度か往き来して、ようやく気がついた。信号機がなくなっているのだ。三条通の、柳馬場《やなぎのばんば》、高倉、東洞院《ひがしのとういん》、各通りとの交差点にあった信号機が、いつのまにかなくなっている。どういうこと？

中京区役所地域力推進室・都市計画局歩くまち京都推進室・高倉小学校ＰＴＡが作成した「歩くことを楽しめるまちへ」というチラシを読んで、謎が解けた。二〇一五年一〇月末までに、すべての信号機を撤去したのだという。安全で歩きやすいまちづくりのためだ。烏丸通・御池通・河原町通・四条通の内側を「歩いて楽しいまちなかゾーン」とし、ゾーン内は最高速度規制時速二〇キロになった。自転車の通行レーンも明示された。このエリアは京都でもっともにぎやかなエリアだ。もともとこのエリアは人通りが多いなかを、クルマがけっこうなスピードで走っていた。建物やショーウィンドーに気を取られていると、身体のすれすれをクルマが走り抜け、怖い思いをすることもあった。それを二〇キロ制限にして、交差点の信号機をなくして一時停止にした。歩行者優先のまちづくりだ。

三条通では無電柱化を求める住民活動も活発化しているそうだ。というのも、かつて祇園祭後祭《あとまつり》の山鉾《やまほこ》巡行は三条通を進んだ。一四年に後祭は復活したけれども、三条通は電線があるのでまだ山鉾は通れない。無電柱化によって巡行の復活を、というわけだ。電柱がなくなれば、ますます歩くのが快適になるのは間違いない。その日が待ち遠しい。

宅配便のトラックを見ない

京都の街では、宅配便のトラックをあまり見かけない。宅配便がないのではない。トラックのかわりにリヤカーがついた電動式自転車をこいだり、徒歩で台車を押しているセールスドライバーをあちこちで見かける。

いつも駆け足で集配しているセールスドライバーたちを見ると思わず笑みがこぼれる。皆さんほんとうに一所懸命だ。冬なのに半袖姿で集配しているセールスドライバーもいる。全身から湯気が出ている。

自転車や台車なら歩行のさまたげにもならないし、エンジン音もしないし、排ガスも出さない。京都にぴったりだ。

トラックの場合も東京でよく見かける二トン車は少なくて、小さな軽ワゴンが多い。それもボディに電気自動車と書いてある。

京都は狭い道が多い。しかもまっすぐではなく、ところどころでクランクになっていたり、T字路になっていたりする。たまに県外（府外？）ナンバーのクルマが、細い道に入り込み進退窮まっているのを見かけることがある。助けてあげたいが、こちらも逼転に自信がない。京都市内で一年ほど運転したら、きっとハンドルさばきが上達するだろうとは思うけど、とてもそんな勇気はない。こんな街だから、トラックよりもリヤカーつき自転車や台車のほうが配達の効率もよさそうだ。

坂道が少ないことも自転車や台車に有利だ。東京でも地域によっては自転車や台車を見かけることがあるけれども、急な坂が多いのでなかなか京都のようにはいかない。

小さなクルマでなければ

京都の道は碁盤の目のようだといわれるが、実際は微妙に曲がったり道幅が狭くなったりしている。クランクやT字路も多く、自動車教習所のコースを思い出す。入口は広くても、奥に進むにしたがってだんだん狭くなる道もあるので、慣れない人は要注意。京都市上京区の寺之内通《てらのうちどおり》もそんな道のひとつである。

近くに茶道の表千家と裏千家があることから、茶道具店や和菓子店が並び、通称人形寺として知られる宝鏡寺や日蓮宗の大本山妙顕寺《みょうけんじ》もある。風情があって、わたしもよく散歩をする道なのだが、西から東へ進むと道が少しずつ狭くなっていく。とくに新町通との交差点は、5ナンバーはともかく、3ナンバーだとちょっと冷や汗をかきそうな難所だ。

先日もこの道をのんびり歩いていると、BMWのSUVが一台、ブレーキランプをつけて止まっていた。どうやら道幅が狭くなって立ち往生しているよう。しかも後ろから軽トラックがやってきた。ドライバーとしては焦る場面。

窓があいて、「すいません、誘導してくださいませんか」とドライバーはわたしに声をかけた。もちろん、喜んで。前に回ってよく見ると、たしかにギリギリではあるけれども、慎重にハンドルを操作すれば抜けられそう。「オーライ、オーライ」と誘導した。困ったときはお互いさま。自信がないときは、通りがかった人に遠慮なく誘導を求めるのが、京都の街なかを安全に走るコツである。

BMWのドライバーは「ありがとうございます！」と頭を下げ、新町通を上がっていった。京都ナンバーだったが、こんなときは「おおきに」じゃないんだなあ、と思いつつ見送った。

道が狭いからか、京都は小さなクルマの比率が高いように感じる。よく見かけるのはミニだ。小さくておしゃれなクルマの代表格である。現行のBMWのミニが多いが、旧ローバー・ミニにもたまに遭遇する。

もうひとつよく目にするのがチンクエチェント。フィアット五〇〇だ。さすがにアニメでルパン三世が乗っている旧モデルはめったに見ないが、現行のものは市内のあちこちを元気に走っている。たまに同車をベースにしたスポーツカー、アバルトが颯爽と駆けていくことも。時計のスウォッチとダイムラー・ベンツが共同開発したスマートも、京都ではときどき見かける。

コンパクトカーに限らず、京都はクルマが好きな人が多い。それも、ちょっと珍しい車に乗っている人が多い。河原町通や丸太町通を歩いていると、フェラーリやランボルギーニ、コルベットなどのスーパーカーを見かけるし、北山通で古いシトロエンDSを見たこともある。寺町通でマイバッハを発見したときは、しばらく立ち止まって観賞してしまった。

しかも、すごい車だからといって、気負っていない。ガレージのランボルギーニをテーブルがわりに、ままごと遊びに興じる子供たちを目撃したときは、驚いて声も出なかった。

京都の自転車は怖い

ある日、家に帰ると、前の道路に見慣れぬ記号がペイントされていた。矢羽根と自転車のマークだ。自転車が道路の左側を走行するよう促すものらしい。

京都は坂が少ないので、自転車には快適だ。利用者も多いし自転車店も多い。ところが残念なことに、マナーはひどく悪い。歩道を走る自転車がけたたましくベルを鳴らして歩行者の背後から迫る。「どけ！」という意味である。追い抜きざまに「すみません」の一言もない。歩行者の間を縫うように猛スピードで走って行く自転車もあって、ヒヤリとする。京都を歩いていて感じる、唯一の不快なことだ。

タクシーに乗っていて、思わず悲鳴をあげたこともある。車道の右車線を逆走していた自転車が、こちら側の車線へとタクシーの前を斜めに横断してきたのだ。後ろも見ずに。急ブレーキをかけた運転手は他県から来た人で、「京都の自転車は怖いです。一瞬たりとも気が抜けません」といっていた。

不思議なのは、河原町通や烏丸通、丸太町通など、広くて自動車の通行量もそれほど多くはない通りでも、車道ではなく歩道を走っている自転車が多いこと。車道のほうが速く安全に走ることができるのに。「歩道のほうが安心だ」というイメージが染みついているのだろうか。

もっとも、自転車だけでなく自動車のマナーも悪い。路上駐車も多い。最近はかなりよくなったが、ひところは市バスの運転は荒っぽいとよくいわれた。車道の左端を自転車で走っていて、後ろから市バスにクラクションを鳴らされたことがある。東京では考えられないことだ。

それでも、京都に住みはじめたころに比べれば、だいぶん状況は改善されつつあるようにも感じる。さすがにスポーツタイプの自転車が歩道を走る姿はめったに見かけなくなった。違法駐輪・放置自転車もだいぶん減ったように思う。市役所前などに新しい駐輪場ができた効果だろうか。

矢羽根と自転車マークの効果はどうだろう。わたしが観察したかぎりでは、車道にマークがあるのに歩道を走る自転車はまだ多いし、たまに矢羽根の向きを無視して逆走する自転車も見かける。でも年々よくなっている。市は「世界トップレベルの自転車共存都市」を目指して、と掲げる。

二つの住所がある

京都の街には住所が二種類ある。たとえば朝日新聞京都総局は「京都市中京区柳馬場通御池下ル」ともいうし、「京都市中京区柳八幡町六五」ともいう。実際はふたつを組み合わせて「中京区柳馬場通御池下ル柳八幡町六五」とすることが多い。

行政などの公的な文書では「京都市中京区柳八幡町六五」となっている。しばらく前までインターネットの地図アプリでは、この公的な住所でないと検索できなかった。「中京区柳馬場通御池下ル」では「該当する住所はありません」などと表示された。柳馬場通や御池通がどこにあるのか知らない人は見つけるのにひと苦労した。

ところが住んでみると、「柳八幡町六五」よりも「柳馬場通御池下ル」のほうがはるかにわかりやすいと感じる。京都市の町名はとても細かく、したがってたくさんある。とても覚えきれない。それよりも通りの名前で覚えたほうが汎用性が高い。

京都の中心部は道路が東西南北の碁盤の目になっているので、通りの名前さえわかれば位置関係を簡単に把握できる。柳八幡町がどこにあるのか知らなくても、柳馬場通と御池通を知っていれば、その交差点近くだとわかる。「下ル」は通りの南側、「上ル」は北側を意味する。「柳馬場通御池下ル」に「柳馬場通に面していて、御池通の南側」という意味だ。ついでに西側は「西入ル」、東側は「東入ル」という。

また、京都では同じ町名が複数の場所につけられていることもある。しかも同じ区内で。通りの名前のほうが特定しやすい。

宅配便の配達員に「通りの名前による住所と、公的文書の住所と、どっちを配送伝票に書いたらいい？」と聞いたら、「両方書いてくれはったほうが、やりやすいですわ」といわれた。もちろんどちらか一方でも探し出して届けてくれるけれども。

最近はライオンズクラブが寄贈した日英韓中四言語による住居表示板を街のあちこちで見るようになった。こちらは通りの名前による表示と地図があってわかりやすい。

数え歌で通りの名前を覚える

京都の住所は町名と番地よりも、通りの名前のほうがわかりやすいという話を書いた。たとえば京都芸術センターなら、「中京区山伏山町五四六―二」よりも「室町通蛸薬師下ル《たこやくし》」のほうが直感的にわかりやすい。ただし、そのためには室町通と蛸薬師通がどこを通っているかを知っていなければならない。二条、三条、四条などはともかく、「押小路通《おしこうじどおり》」や「綾小路通」など、名前だけではどこを通っているのか、南北に伸びているのか東西に走っているのかもわからない通りが多い。

京都の人はどうやって通りの名前を覚えるのか、以前から疑問に思っていた。あるとき京都在住二五年の友人が居酒屋の場所を伝えようとして、妙な歌を小声で歌っているのに気がついた。「♪あねさんろっかくたこにしき〜やから、あの店は蛸薬師通を上がった西やね」というふうに。

なんだ、このおまじないみたいな歌は。記憶をよみがえらせる呪文かと思ったが、よく聞くとそうではなかった。京都の子供が通りの名前を覚える数え歌なのだそうだ。

東西の通りは、北から順に「まる　たけ　えびす　に　おし　おいけ　あねさん　ろっかく　たこ　にしき」と歌っていく。京都御苑の南側の「丸太町通、竹屋町通、夷川通、二条通、押小路通、御池通、姉小路通《あねやこうじどおり》、三条通、六角通、蛸薬師通、錦通」のことだ。歌はさらに続いて四条通から十条通まである。最後は「じゅうじょう（十条）　とうじ（東寺）で　とどめさす」。

南北の通りにも歌がある。こちらは寺町通から西に向かっていき、「てら　ごこ　ふや　とみ　やなぎ　さかい」と歌う。それぞれ寺町通、御幸町通、麩屋町通《ふやちょうどおり》、富小路通、柳馬場通、堺町通のこと。この歌もさらに続いて、高倉通から千本通まで歌い込む。よーし、この歌さえ覚えれば万全、と思ったが甘かった。通りの名前を思い出すために、いちいち「♪まるたけえびすに〜」とか「♪てらごこふやとみ〜」と最初から歌っていかないと出てこないのである。歌の後半に出てくる通りを探すときは大変だ。京都の街で周囲をキョロキョロしながら鼻歌を歌っている初老の男がいたら、それはわたしです。

ホーローの町名看板

ホーローの町名看板が気になってしかたない。森下仁丹が関西を中心に全国各地に設置した看板である。

ホーロー町名看板の歴史は古い。森下仁丹の創業者、森下博氏が「広告益世」を掲げて、明治の末ごろから設置しはじめたのだとか。広告益世とは、広告も世の中にとってプラスなものになるべきだ、という考え方だ。広告による社会奉仕である。郵便配達をはじめ、人びとが街を歩くとき不自由しないように、という心づかいから生まれた。

森下仁丹のマーク（大礼服マークというそうだ）がついた縦長の看板に、町名が書いてある。風雨にも耐えうるよう、素材はホーロー。一部、木製のものも現存しているそうだが、わたしはまだ遭遇していない。

京都は震災や空襲で大規模な損害を受けなかったのと、高度経済成長期やバブル期にも東京のような根こそぎの再開発にさらされなかったことから、仁丹の町名看板が残っている建物があちこちにある。古い町家に多い。日ごろ散歩していて、この町名看板をチェックするのが楽しみのひとつになった。

はじめのころはどれも同じに見えた町名看板だが、いくつかのバリエーションがあることに気づいた。大礼服マークにも変化があるし、わりと新しいものもある。森下仁丹のサイトによると、いちど激減していた町名看板を再興しようという「京都町名琺瑯看板プロジェクト」を実施しているそうだ。新しい看板もデザインは基本的に同じだ。

観察を続けるうちに、ホーロー看板の傷み具合についても観賞できるようになってきた。保存状態のいいきれいな看板もいいが、あちこちサビが浮いてところどころ判読できなくなっている看板にも風情がある。傷みは時代を経てきた証しである。

「区」の文字が旧字「區」だったり、現在は中京区の建物が上京区と表示されていたり。中京区は昭和四年（一九二九年）、上京区の南部と下京区の北部を分離してできた新しい区なのである。なかには棟続きの建物なのに、建物の北側と南側で別の町名がついていたり（建物が二つの町にまたがっている！）。通りの角にある建物では、面している通りによって表示が違う。町名看板を探すだけでも、散歩が楽しくなる。

御所の東に七億円のマンションが

二〇一五年の一〇月九日、東京の自宅で朝刊を開くと、見慣れた風景が目に飛び込んできた。鴨川にかかる二条大橋の下から上流方向（北側）を望んだ写真だ。「ザ・パークハウス　京都御所東」の全面広告である。

説明を読むと、荒神橋《こうじんばし》から少し南に下がった鴨川右岸に建つマンションだという。東京版に載るということは、京都だけでなく東京の人も販売対象にしているのだろう。そういえば最近、東京版でも京都の不動産広告をときどき目にするようになった。

販売元・三菱地所レジデンスのプレスリリースを読んで驚いた。「ザ・パークハウス　京都御所東」の最高価格は七億円超を予定だとか。七〇〇〇万円ではない。七億円！　西日本で最高価格だ。部屋からは鴨川ごしに大文字山が見えるという。たしかに送り火の夜はすばらしいだろう。でも、一年で一回だけ、それも八時の点火から三〇分間ほど。そのために七億円とは……。送り火なら近くの荒神橋からでもよく見える。（なお、同マンションは即日完売だったそうで、完成後の名称は「ザ・パークハウス京都鴨川御所東」になった）

わたしたち夫婦が御所の南の古い町家を買ったのは二〇一〇年の三月だった。その前にマンションのモデルルームなどを見て回った。「京都の中心部にマンションが新築されることは、もうないでしょう。なにしろ土地がありませんから」とマンションメーカーのセールスマンたちは口をそろえていった。

しかし、それからも中心部のあちこちに新しいマンションが建っている。東日本大震災以降、東京の人が京都のマンションを買うケースが増えていると聞く。「新築マンションの購入者の八割は東京の人」と話す人もいる。

先日、わたしたちの町家を世話してくれた不動産屋の社長と世間話をしたが、たしかに東京の客が増えているそうだ。それも移住ではなくセカンドハウスとしての購入だ。「東京の人は買い方がうまいですわ」と社長はいう。東京者は高い買い物をしていると陰口をたたかれるが、「けっしてそんなことはない」そうだ。

「相場をよく調べてはって、うまいこと買っていかれますわ。地元のお客さんが、端《は》数《すう》をまけろとか、ちまちま値引き交渉をしているあいだに、ちょっとだけ高く、さっと買っていかはる」のだそうだ。とはいえ、七億円とは……。

第二章　京都人という生き方は

京都人は『京都ぎらい』が好き

毎月、何冊もの京都関連本が出版される。とくに秋は観光シーズンなので、それを当て込んだ雑誌の特集や単行本も多くなる。そのなかで異彩を放っているのが井上章一の『京都ぎらい』（朝日新書）だ。かなり話題になっていて、京都の大型書店でもどーんと積まれている。

井上さんは建築史や意匠史が専門。国際日本文化研究センターの教授で副所長（二〇一三〜二〇一六年。現在は所長）。『つくられた桂離宮神話』で注目され、『美人論』はベストセラーになった。

なにが異色かというと、しゃれではなく本気で「京都がきらいだ」と書いているのである。井上さんは京都市右京区の花園で生まれ、同じく右京区の嵯峨で育った。若いころ、京都の中心部で生まれ育った先人たちから、ずいぶんさげすまれ、あざけられたのだという。嵯峨なんて田舎じゃないか、と。中心部に住む人は、自分が京都の中心部に生まれ育ったというだけで優越感を持ち、そうでない人を見下す。だから京都人はきらいだ、と井上さんはいう。

まあ、似たようなことは東京をはじめ、どこの都市にもあるとは思うが、千年の都はその不条理にも根深いものを感じさせる。

わたしは井上さんが『美人論』を出したときにインタビューしたことがあり、その後、テレビの仕事でご一緒したこともある。『京都ぎらい』の文章から、キツくてコワい人を連想するかもしれないが、生身の井上さんはゆったりとおだやかな人だ。

この本の本当におもしろいところは、洛中に住む人の優越感の話ではなく、たとえば京都のお寺と庭園と拝観料の話などだ。織田信長をはじめ戦国武将たちが寺院に宿泊したことと寺院が美しい庭園を持つようになった関係、精進料理が発展した理由、さらには芸子舞子との関連など、「なるほど、そうだったのか！」の連続だ。洛中の人びとがほんとうにイケズ（＝意地悪）なのかどうか、「ときどき」の京都人でしかないわたしにはわからないが、『京都ぎらい』は古都を別の角度から知るための好著だ。

その後、『京都ぎらい』は新書大賞にも選ばれ、京都の書店ではどこでも積まれている定番中の定番となった。

京阪神は仲が悪い？

京阪神をひとくくりにした本は売れない。編集者をしていたころ、上司にいわれた言葉である。京阪神とは京都・大阪・神戸のこと。

「一冊に京都と大阪と神戸の情報が入っていたらお得だと思うだろう？　京都の人も大阪の人も神戸の人も、みんな買うと思うだろう？　それが素人のあさはかさなんだよ。京阪神全部の情報が入った本は、京阪神全部に関心がある人しか買ってくれない。そして、そんな人はめったにいない」

このように上司はいった。当時、このアドバイスを聞いて、わたしは大いに納得すると同時に、何にでも応用できることだなと感心した。たとえば野球とサッカーとバスケットボールを扱えば野球ファンもサッカーファンもバスケファンも読んでくれるなんて思ったら間違いで、三つのジャンル全部が好きな人しか買ってくれない。

京都で月の三分の一をすごすようになって、元上司のアドバイスとは少し違った意味で「京阪神はひとくくりにできない」と感じることが多くなった。

井上章一さんの『京都ぎらい』は京都人（洛中人）の高慢さや中華思想のいやらしさについて、洛外人である著者が嫉妬と怨念を隠さず書いて大ヒットしたが、プライドが高いのは京都人だけではない。大阪も神戸も奈良も、それぞれ強烈なプライドがある。

ある大阪の友人は「京都なんて、古いだけやん」という。たしかに京都は古都といわれて古いイメージがあるが、しかし、大阪だって古くから栄えた街だ。聖徳太子が開いたと伝えられる四天王寺もあるし、南のほうにはいわゆる「仁徳天皇陵」をはじめ古墳もたくさんある。

さまざまな雑誌が京都の特集を組むが、大阪人はこれもちょっと面白くないよう。「東京の編集者は、京都ばっかり持ち上げて」という声が聞こえてこなくもない……。

一方、井上さんもいうように、京都の人は京都以外をちょっと下に見ているところがある。この「京都以外」には東日本だけでなく、大阪も神戸も含まれる。それでいて、京都人と大阪人が互いの街をめぐって喧嘩しているのは見たことがないのではあるが。

以前、関西の出版界のある集まりが京都で開催され、わたしも参加した。そこには大阪の人もたくさん来ていた。ところが同じ集まりを大阪でやると、京都の人の参加率がガタッと落ちるのだという。奇妙な非対称性がある。

大阪・京都間は新幹線だとわずか一駅、一五分弱。阪急や京阪を使っても一時間弱。わたしのまわりでも京都市内から大阪市中心部の会社に通勤している人は少なくない。だけど、ふだん京都市内で暮らしている人にとって、大阪の梅田や難波に出かけるのは小旅行というか、ちょっと遠出をするような気分らしい。たぶん近代以前の「くに」の概念が京阪神の人びとには生きているのかもしれない。

東京はそうした意識が希薄だ。埼玉県所沢市の人びとも、千葉県千葉市の人びとも、神奈川県川崎市の人びとも、気分としては「首都圏人」とか「拡大東京人」だろう。千葉にあっても「東京ディズニーランド」と呼ぶことに誰も文句をいわない。首都圏で強力なプライドとアイデンティティを持っているのは、東京の下町などごくわずかなエリアのわずかな人びとだけだ。

東京気分で「京都も大阪も同じですね」なんていうと、京都人と大阪人のどちらも敵にまわすことになる。

京都人は教えてくれない

都人《みやこびと》のイケズ（＝意地悪）などというが、京都の人は親切だ。道を聞けば丁寧に案内してくれるし、ご近所づきあいでいやな思いをしたことはない。

ただし、その親切さは際限のないものではなく、ある程度までいくと、一種の壁があるようだ。

わたしたち夫婦が京都に住まいを構えることにしたのは、茶の湯を愉しむ空間を持つためだった。お茶には釜や茶碗をはじめ、細々とした道具が必要である。茶道具店で購入できる道具がほとんどだが、なかには職人に依頼して誂《あつら》えなければならないものもある。この職人さがしが難関である。

茶道具店や骨董店で、「こういうものを作ってくださるお店か職人さん、ご存じではありませんか」とたずねると、「そうどすなあ。昔はご紹介もしてたんですが、最近はなあ……」と濁《にご》される。一軒目、二軒目でそういわれたときは、「そういうものなのか」と思ったが、どこで相談しても同じような答え。しかも、分野を違えても同じような返答が続くと、「もしかすると、これが京都の人あしらいなのかもしれない」と思うようになった。本当に知らないわけではなく、「まだつきあいの浅いあなたに紹介できるような人は知らない」という意味なのではないか、と。東京の茶道具店・骨董店とは、微妙なところが違う。

あるお店で相談したときも、「わかりませんなあ」「心当たりがありませんなあ」と女将にいわれた。それでもこちらの事情を説明すると、「よほどお困りのご様子なので」と二店ほど紹介を期待できそうなお店の名前をあげていただいた。ただし「うちとこの名前は出さんといてくれやす」と念を押された。

そういえば、京都に住む友人からこんな話を聞いたことがある。数年前、友人の恩人にお祝い事があった。友人は京都生まれだが、両親は他県出身。どんなご祝儀がいいのかわからなかったので、代々京都に住む知人に相談した。その人は「お酒でも持っていかはったらええんやないですか」といったという。その「ええんやないですか」の声のトーンがどうも怪しいとにらんだ友人は、さらに事情に詳しそうな人を探して「ほんまのことを教えて」と懇願したという。その結果、ご祝儀は現金がふさわしいとわかった。「真に受けてお酒だけ下げていったら、とんだ恥をかくところやった」と友人はいう。

京都は閉鎖的だ、京都の人は腹の底がわからない、などといわれるのは、こうしたことを指すのだろう。京都の内側にまで入れてもらうには、もう少し修行を重ねる必要がありそうだ。

京都人の好奇心

新規オープンしたばかりの洋食屋でお昼ごはんを食べた。若い夫婦が切り盛りする、小さな店である。あつあつのハンバーグランチを食べていると、前を通りがかる人たちが窓越しに覗いていく。それも、歩きながらチラリと見るのではなく、立ち止まってしっかり覗き込む。

ランチを食べ終え、店を出た。少し歩いた交差点で信号待ちをしていると、「おいしかったですか？」と声をかけられた。振り向くと初老のご婦人である。会ったことのない人だ。どうやら洋食店から出てくるところを見ていたらしい。

「ええ。とてもおいしかった」と応え、信号が変わるまでしばし立ち話。

「ランチは三種類あって、日替わりと、ハンバーグと、ステーキと。ハンバーグはつなぎを使わない粗挽きで、いい味でした」

「まあ、そうなの。こんど行ってみようかしら。ひとりだと、つくるのがめんどうになっちゃって」

そういって、ご婦人はわたしたちとは違う方向に歩いていった。そういえば、以前も、飲食店を出たところで見知らぬ人に、その店の味はどうかと訊かれたことがあるのを思い出した。

こういう好奇心の強さと、見知らぬ人でも味などをたずねる気安さは、京都人ならではのものだと思う。しばしば「腹の中では何を考えているのかわからない」などとイメージされがちだが、好奇心を隠さず、何でも口に出して訊くのが京都人だ。

わたしの家の改装工事中も、現場監督は前を通りがかる人から、「何ができるんですか？」「何のお店になるんですか？」としょっちゅう質問されていた。食べ物屋になるのか、雑貨店になるのかと、みなさん期待していたようでもある。「ふつうの住宅です。すんまへん」と、現場監督はなぜか謝っていた。

新しい店に行くと、「うちの店、どうやって知らはったんですか？」「雑誌か何か見て来られたんですか？」と訊かれる。「どちらから来はったんですか？」「お仕事は何してはるんですか？」という質問もある。好奇心旺盛なのは客だけでなく、店主たちも同じだ。

新しい施設ができると必ず人びとの話題になり、行列もできる。しばらくは千客万来、大繁盛となるが、しかし、その状態がいつまでも続くとは限らない。いわば「お試し期間」が過ぎると、すっと客足が遠のいてしまう。新たにできた他の店に移るからであり、以前からあるなじみの店に戻るからでもある。

京都を歩いていると、店の入れ替わりが激しいことに驚く。二年か三年ほどで閉店してしまう店が多いのは、店舗の賃貸契約を更新するタイミングで、継続か閉店かを判断するからなのか。もっとも、事情通によると、短期間で閉店するのは東京資本で、予定した利益を上げたら撤退するのは最初から織り込み済みなのだとか。

平日の昼下がり、喫茶店のカウンター席では、新しくできた店についての合評会が開催されている。批評するのはコーヒーの回数券を握って毎日やってくる近所の人びと。年齢層は高めだ。

「あれはうまかったでぇ」

「あんなん、たいしたことあらへん」

料理の味や値段から、シェフや女将の立ち居振る舞いにいたるまで、ミシュラン・ガイドの覆面調査員顔負けの厳しさで評価を下していく。

この好奇心と批評眼と毒舌に耐え抜いた店が、この街で生き残り、老舗になっていく。

鴨川等間隔の法則

「鴨川、あいかわらず、等間隔で並んでますか？」

先日、学生時代を京都で暮らしたという人から聞かれた。事情を知らない人には、どういう意味かわからないだろう。

鴨川の右岸、三条大橋のたもとから四条大橋のあたりまで、カップルが川に向かって座って語らっている。そのカップルたちが、まるで測ったように等間隔で並んでいるのだ。春から秋にかけての夕方に見られる光景である。これを「鴨川等間隔の法則」などと呼ぶ人もいる。さすがに真夏の昼間や冬の間は少ない。

カップルの年齢層は意外と幅広く、若者だけとは限らない。多いのはたぶん二〇代前半ぐらいだが、三〇代とおぼしきカップルも珍しくない。高校生もいれば、たまに中高年も。対面ではなく二人とも川に向かって座っているのがいいのだろう。みんな適度に緊張し、適度にリラックスしている。

わたしもときどき散歩の途中で妻と座る。もっともこちらは結婚して四〇年の初老夫婦である。話題といえば「今晩、どこで何を食べようか」。

ずいぶん長く話し込んでいるカップルもいる。三条のほうから下って、四条で用事を済ませ、ふたたび川べりを上がっていくと、往きに見かけたカップルが帰りもまだ座っていた。「そんなに話すことがあるのか」と言うのは青春時代を忘れたおっさんで、若いカップルは一緒にいるだけでいいのである。話す内容なんかどうでもいい。

並んだカップルの後ろを人びとがのんびり歩いている。歩いている人はカップルをじろじろ見たりしないし、カップルも歩く人を気にしていないよう。カップル同士も気にしていない。もちろん視界には入っているし、気配は感じるはずだ。でも、互いに気にしていないようにふるまう。こういう他者との絶妙な距離感が京都人らしさであり、京都という街が居心地いい理由なのである。

かどはきと余計なお世話

買い物の帰りにこんなことがあった。

一〇メートルほど前を、中年男が歩いている。たばこを吸いながら。「歩きたばこか。「いやだなあ」と思っていると、男はたばこを路上に捨て、靴で踏みつけて行ってしまった。

声をかけて注意しようか。でも平気で歩きたばこ&ポイ捨てするような男なら、逆ギレするかもしれない。刃物だって持っているかもしれない。刺されるのはいやだな……などと考えているうちに男は遠くへ去ってしまった。なお、京都市では条例により路上喫煙は禁止。中心部では違反すると一〇〇〇円の過料が徴収される。

あいにく両手がふさがっていた。いったん荷物を家に置いてからさっきの吸い殻を掃除しよう、そう思って一時間後に犯行現場に戻ると、なんと吸い殻は消えていた。

吸い殻が自然と消えるわけがなく、カラスがくわえていくはずもなく、ましてや先ほどのポイ捨て男が悔い改めて回収に戻ったとは考えられない。誰かが拾って片づけたに違いない。

「京のかどはき」ということばがある。「門掃き」と書く。

京都の人は毎朝、自宅の前の道路を箒で掃く。商店だけでなく、一般の民家でも習慣化されている。そのとき道路のこちら側半分だけ掃くのが暗黙のルールだ。ただし境界線ぴったりではなく、三〇センチぐらいお隣さんとお向かいさんのぶんまで掃く。箒で掃いたあと水を撒《ま》いて仕上げるのだが、その水撒きも自宅の前だけ。それが「京のかどはき」である。

お隣さん・お向かいさんの前まで掃くのは「いらんこと」。「小さな親切」ではなく「余計なお世話」なのである。なぜなら、お隣さん・お向かいさんの面目をつぶすことになるから。かどはきは長い歴史を持つ過密都市ならではの流儀なのだろう。朝の掃除だけでなく、夏の打ち水も同様である。「かどはき」は七〇年代にすたれていった、という人もいるが、わたしが暮らす上京区・中京区では、まだまだ日常的に見られる光景だ。

わたしが遭遇した吸い殻消滅事件を考えると、「かどはき」ルールも臨機応変だと想像できる。歩きたばこ男がポイ捨てしたのは駐車場の前の道路だった。つまり、毎朝そこを掃く人のいない道路なのである。おそらく通りがかった人が吸い殻を見つけて拾ったのだろう。「かどはき」ルールからすると、拾わなくてもいい場所なのだが、放置しておくと見苦しい。誰かが拾うことも期待できない。「ほな、わたしが」と拾ったのではないだろうか。

これは贔屓目《ひいき》なのかもしれないが、京都の路上は他の街に比べてきれいだ。ポイ捨てされた吸い殻が少ない。皆無といえないのが残念だけれども、通行量の多さに比べて少なく感じる。「かどはき」ルールで路上がきれいに保たれているからだろう。

京都はご近所の視線を気にする都市である。お隣がきれいにしているのだから、自分の家の前もきれいにしなくては、と考える。「誰かが掃いてくれるやろ」とは考えない。それは相互監視的のようでありつつ、自律的であるともいえる。いわゆるムラ社会の同調圧力とはちょっと違うように感じる。過密都市で生活するヒントが、この街にはある。

学区を誇りに思う京都人

京都は「学区」を大事にしている人が多い。暮らしはじめたころは、たんに公立小中学校の登校エリアのことだと思っていた。ところが会話していると、ときどき話が食い違う。よく聞いてみると、現在の学区とはべつに「元学区」があって、それは一種の自治会のようなものだとわかった。町内会より大きく、左京区・上京区などの区よりは小さい。道路一本隔てるだけで世界が違う。

歴史は明治のはじめにさかのぼる。明治二年（一八六九年）、京都には六四校の番組小学校がつくられた。「番組」というのは近世の住民自治組織「町組」がルーツだという。番組小学校は国の学制よりもひと足早く、しかも町衆の手によってつくられた、日本で最初の学区制小学校である。費用は番組内の全戸がお金を出し合い、有志が寄付をした。「学区」は小学校の運営だけでなく、行政の仕事の一部もしたという。京都の人びとはこれをたいへん誇りに思っている。

わたしが住んでいるところは春日学区という、鴨川と御所（御苑）にはさまれたエリアだ。関西私学の雄、同志社大学も立命館大学も、発祥の地はこの学区の中にある。大河ドラマの舞台になった新島襄と八重の旧宅も。

春日小学校は一九九五年に廃校になり、他の三校とともに御所南小学校へ統合された。では春日学区がなくなって御所南学区になったかというと、そうではない。春日学区はいまも健在なのだ。たとえば年に一度開かれる運動会（春日区民体育祭）では、学区内の各町内会がそれぞれチームを組んで参加する。会場はかつての春日小学校グラウンドだ。福祉活動も活発で、旧春日小学校の校舎を使ったデイケアセンターが開設されている。スタッフは学区内のボランティアである。

京都の人びとが自分の学区に誇りを持つのは、たんなる帰属意識からだけではない。住民自治の長い歴史がそこにある。

二〇一八年、旧春日小学校の校舎が取り壊され、新たな御所東小学校がつくられた。御所南小学校の児童数が増え、校舎に収まりきらなくなったからだ。なんでも御所南小学校の教育方針がたいへん評判良く、越境入学させようとする親もいるのだとか。

そういえばわたしの家のかつての持ち主も、子供を御所南小学校に入学させるためにこの家を購入し、結局、別の私立名門校に入学したため手放したのだった。

新たな小学校は春日小学校の復活となるかと思いきや、ことはそう簡単ではなかった。御所南小学校の分校にすべきだという親と、春日小復活を望む人とで意見は二分。わたしの家にもアンケート用紙が送られてきた。結局、御所南小学校のイメージを残す御所東小学校という名称で落ち着いた。春日小学校卒業生の皆さんは悔しがっている。

京都人にとっての祇園祭

ときどき京都に住むようになって、祇園祭について知らないことがたくさんあるのに気づいた。たとえば、祇園祭は七月一七日の山鉾巡行だけでなく、七月一日から三一日までのひと月が祇園祭だということ。山鉾巡行も本来は一七日の前祭《さきまつり》と二四日の後祭《あとまつり》の二度行われたこと（二〇一四年から後祭の山鉾巡行も復活した）。

祭の主役が山鉾ではなく神輿であることも、京都に来るまで知らなかった。七月一七日、八坂神社から担ぎ出された神輿は、四条通京極にある御旅所《おたびしょ》に移され、二四日の夜、ふたたび八坂神社に戻る。その間、京都の人びとは御旅所の前を通るとき手を合わせるか、急いでいるときは一礼していく。

京都の人は祇園祭についてよく知っている。祭の由来や歴史から、各山鉾のしくみにいたるまで。たとえば手を動かし羽を広げたり閉じたりする蟷螂山《とうろうやま》のカマキリは、名古屋のからくり職人が内部で操作していることなど。ところが「今年も忙しくて巡行は見られへんかった。もう何年も見てへんわ」という人も少なくない。見ていないのになぜそんなによく知っているのか。テレビである。地元のテレビ局は山鉾巡行を完全中継。もちろん解説つき。当日はこの番組をつけっぱなしにしている家庭も多いようだ。中継の音声を聴きながら家事をして、注目する山鉾の部分だけはしっかり見ている。

七月のある日、押小路の日本料理店で晩ごはんを食べた。おろしたキュウリを出しながら、「この季節は輪切りにできませんので」と親方。キュウリの断面が八坂神社の御神紋「五瓜《ごか》に唐花《からはな》」に似ていることから、八坂神社の氏子は祇園祭のあいだ、輪切りにしたキュウリを食べない。「うちは氏子やありまへんが、気にしはるお客さんもいらはるんで、七月はお出しせえへんようにしとります」と親方は話す。

だが、前祭の宵山《よいやま》ではキュウリ一本漬けの屋台があちこちに出ていて、浴衣姿の若者たちがおいしそうに食べていた。一本丸ごとで断面は見せていないからＯＫということなのか。それとも氏子ではないのでかまわないということなのか。

紅葉狩りはどちらへ

「紅葉《こうよう》はどちらへ行かはりましたん?」

秋が深まると、店でもご近所でも、よく聞かれることばである。ほとんど挨拶がわりだ。語尾の「ん?」は、聞こえるか聞こえないかぐらいに弱く発音する。

わたしたち夫婦が新参者で、しかも「ときどき」の京都人の「よそさん」だから聞かれるのかなと思っていた。ところが昼下がりの喫茶店などで地元の人びとのおしゃべりに耳をそばだてていると、そうではないようだ。京都人どうしでも「今年はどこへ見に行かはる?」と情報を交換し合っている。

二〇一五年は秋になっても気温が下がらず、紅葉はいまひとつだった。赤くなりきらないまま縮れたようになって枝についた葉もあった。「去年の紅葉はだめやったな」「その前は見事やった」などと品評するのも皆さんの楽しみのよう。

一六年、南禅寺や永観堂などでは、すでに一〇月の末ごろからモミジが色づきはじめていたし、季節を先取りする和菓子店ではもっと早くから「初紅葉《はつもみじ》」と名づけられた生菓子が売られている。でも、京都の本格的な紅葉シーズンは一一月の後半である。

寂光院《じゃっこういん》や蓮華寺《れんげじ》、高台寺《こうだいじ》に清水寺《きよみずでら》……紅葉の名所は洛中洛外にたくさんある。この季節はどこへ行っても人、人、人。とにかく人でいっぱいだ。国外からも含め、観光客が多いが、近畿地方の、そして京都市内の人も意外と多いというのが実感である。聞こえてくる会話から判断すると（京都のおっちゃん・おばちゃんは、ようしゃべらはる）、三割は京都市民。いや、もっと多いかもしれない。それくらい、京都の人にとって紅葉狩《もみじが》りは大切な行事なのだろう。

「どこへ行っても人がよ（ぎょ）うさんおって」「渋滞でタクシーもバスも、ちっとも動かん」「モミジやのうて、人を見にいくようなもんやわ」などとボヤきつつ、でも、京都の紅葉がそれだけ人気なのが誇らしげでもある。夏の終わりごろから、さまざまな雑誌で「紅葉の京都特集」が組まれるが、京都の人は各誌をくまなくチェックしている。

わたしもこれまで、信州や北海道、東北など、さまざまな紅葉の名所に出かけ、ドライブを楽しんできたが、京都の紅葉は格別だと思う。大自然のなかの紅葉とは違って、神社仏閣などと一緒にあるのがいい。永観堂や清水寺の景色から建物を消してしまったら、つまらなくなってしまう。

洛南の東福寺はJRのキャンペーンにも使われるなど、たいへん見事な紅葉で知られるが、境内の通天橋《つうてんきょう》と臥雲橋《がうんきょう》が紅葉のピーク期間は撮影禁止になった。見物客があまりにも多く、安全性に懸念が出てきたためだという。

平清盛と同じ場所で平家物語を読んだ仏文学者

二〇一五年の五月二七日、フランス文学者でエッセイストの杉本秀太郎さんが亡くなった。いつかお目にかかってお話をうかがいたいと思っていたのだが、かなわなかった。つくづく残念。ご冥福をお祈りする。

わたしは毎年、一年間のテーマを決めて本を読んでいる。二〇一四年のテーマは『平家物語』だった。岩波文庫の『平家物語』を読むと同時に、さまざまな解説書や関連書を読んだ。そのなかでもっとも印象深かったのが杉本さんの随筆、『平家物語』（講談社学術文庫）だった。京都の街に生まれ育ったフランス文学者が、平清盛と同じ場所から、しかし八〇〇年後の景色を見ながら古典『平家物語』を読むと、こんなふうに世界が見えるのかと感動した。それと同時に、古典『平家物語』は京都の物語なのだと再認識した。杉本さんの随筆に出てくる場所をたずね歩いたりもした。

わたしがときどき覗く三月書房にも、杉本さんはよく顔を見せていたそうだ。四条から二条までだから、けっこう距離はある。大変な本好きだった。文章は端正で格調高いが、誰とでも親しく話す人だったという。なお、三月書房は二〇二〇年から週休七日、毎日定休日になった。

杉本さんの住まいは「奈良屋・杉本家住宅」として知られる古い町家である。二〇一〇年には国の重要文化財に指定されている。杉本家住宅が公益財団法人・奈良屋記念杉本家保存会という組織によって維持運営されているのも、多くの人が先生の人柄に惚れているからだと言う人もいる。

次女で料理研究家の杉本節子さんに、お話をうかがったことがある。そのときは節子さんの案内で、杉本家住宅の庭や台所まで見せていただいた。これがほんとうの町家なのだと感心した。

買い物の帰りなど、遠回りして杉本家住宅の前や脇の路地を歩くことがある。杉本さんがいないと思うと淋しい。

アスタルテ書房店主の死

アスタルテ書房の店主、佐々木一彌さんが亡くなった。寺町二条の三月書房からのメールで知った。二〇一五年六月一五日未明だったという。

京都は古本屋の多い街で、それぞれが個性的だ。それらのなかでも際立っていたのが、御幸町通《ごこまちどおり》三条のアスタルテ書房だ。生田耕作や澁澤龍彥の著作を中心に、異端と呼ばれる作家たちの文芸書や画集などを集めていた。店内は古本屋というよりも佐々木さん個人の書斎のようで、訪れるたびについ長居してしまった。

わたしがアスタルテ書房を知ったのは、生田耕作さんに教えていただいたのがきっかけだった。鷹峯《たかがみね》の書斎で「多数派はいつも間違える」という話をうかがったとき、おもしろい古書店がありますよと生田さんが教えてくれたのだった。店舗は住居用のマンションの一室で、はじめてのときは見つけるのに苦労した。

わかりにくいところにあるにもかかわらず、アスタルテ書房の名前は全国の異端文学ファンに知れ渡っていて、いつ訪ねてもお客さんがいた。わたしが最後に訪ねた一年前も、東北から来たという若い女性が佐々木さんと熱心に話していた。この店はある種の聖地のようになっていた。

晩年の佐々木さんは、消化器官から栄養を一切受けつけなくなる奇病に侵されていた。日本でもわずかしか例のない病気で、治療法もなかった。最後に訪ねたときも「いつ倒れるかもわからない、いつ死ぬかもわからない。この店もいつ閉じるかわかりません」と佐々木さんはいっていた。その口調があまりにも淡々としていて、もしかすると冗談なのではないかと期待もしたのだけど、とうとう逝ってしまった。

その後、アスタルテ書房はご遺族によって営業を続けていたが、二〇二四年晩秋に閉店した。

鶴見俊輔さんに見る京都人の美点

鶴見俊輔さんの訃報を知ったのは、二〇一五年七月二四日の朝だった。猛暑のなか祇園祭後祭の山鉾巡行が行われた日だ。あとで、亡くなったのは二〇日の夜だったと聞いた。

鶴見俊輔さんはわたしがもっとも尊敬する思想家で評論家、哲学者だ。いつも手の届くところに鶴見さんの本がある。まさに坐右の書だ。

わたしが京都に住みたいと思うようになったきっかけのひとつが鶴見さんだった。もう一〇年以上前になるけれども、岩倉のご自宅で読書と人生についてうかがった。二歳のときに読んだ本の話にはじまり、最近の関心事までたくさんの話をしてくれた。超人的な記憶力と発想の豊かさ。天才がほんとうに存在するのだと驚いた。

鶴見さんは東京の出身ではあるけれども、京都らしい知識人だった。

権威というものが大嫌いで、媚びたり威張ったりすることが皆無だった。それはお祖父さんが後藤新平でお父さんが鶴見祐輔という環境で育った反動だったのかもしれない。インタビューでも、お母さんから「あなたは後藤新平の孫だということを鼻にかけてはいけない」と強くしつけられたと言っていた。

つぎに柔軟性。型にはまったものの見方はせず、自由に物事を見て考える。だから政治的立場が違う人とでも話し合うことができた。好奇心いっぱいで、新しいものが好きだった。漫画をはじめサブカルチャーにも関心を持ち、しかも上から見下ろすようにではなく楽しんでいた。お話をうかがったときも、子供のころ夢中になった相撲の番付について、まるで昨日のことのように語った。

三つめはユーモアだ。冗談を言って相手を笑わせるというよりも、愉快なことを自分で発見して笑い、そこに相手も引っぱっていくようなユーモアだ。もっとも、鶴見さんと長く仕事をしてきた編集者の松田哲夫さんによると、なぜ面白いのかわからないようなところで大笑いするので、周囲は困惑することもあったようだ。天才の感覚は常人とはちょっと違うのかもしれない。

鶴見さんのこの三つの性格は、京都人の美点でもあるとわたしは感じている。権威や権力から距離を置き、古いものを大事にするけど新しいものも大好きで、ちょっとした面白いことを見つけて笑う。京都人にあって鶴見さんにないのは「イケズ」ぐらいか。鶴見さんはとても素直な人だった。

今江祥智さん、杉本秀太郎さん、アスタルテ書房主人。京都に住みたいと思うきっかけを与えてくれた人たちが次々といなくなる。なんてさびしい夏なんだろう。

第三章　ここで良い時間を過ごす

人生に疲れたら平日の動物園へ

京都市動物園が大リニューアルを完了したのは二〇一五年の一一月だった。グランドオープンを記念して、さまざまなイベントがおこなわれた。

「動物園、いかはりました?」が、小さな子供のいる京都人の合い言葉……というのは大げさにしても、みなさん、けっこうな関心事だ。なにしろ上野動物園に次いで日本で二番目に古い動物園。市民の誇りである。

平日の京都市動物園はわたしの大おすすめポイントでもある。広々としていて、のんびりできて、のんきな動物たちを眺めているだけで、身も心もリラックスできる。仕事に疲れたら、人生に疲れたら、ぜひ動物園にどうぞ。

なにしろ立地がいい。正面口は平安神宮の近くで、京都市京セラ美術館の裏手である。地下鉄東山駅から歩いて一〇分ほど。でもわたしが好きなのは東側の入口だ。南禅寺のそばから野村美術館の脇を放水路沿いに歩くと門前に出る。めったに人に会うことがない道だ。東門の隣は琵琶湖疏水記念館で、インクラインに降りることもできる。

平日の園内はほどよく空いている。来園者のほとんどは市内および近郊の人だ。それはそうだ、わざわざ遠方から京都に来て、動物園に入る人は珍しいだろう。だからヨソイキ感がなくて、みなさん楽しそうにしている。

動物園にはいろんな動物がいるけれども、イチオシはゾウの森。五頭のアジアゾウがいて、以前からいる美都《ミト》と、ラオスから来た若い四頭が暮らしている。かわいそうに美都は新しい環境になじめないのか、まだ庭には出てこないのだけれども……。

今回のリニューアルでは図書館カフェや展示室・レクチャールームも一新された。自然食レストランで食事もできる。のんびりすごしたい時にはもってこいだ。

……その後、美都は二年ぶりにゾウ舎から出て庭を歩き、庭で食事もするようになった。動物園の関係者だけでなく、市民もひと安心。

京都国立博物館

京都国立博物館の平成知新館がオープンしたのは二〇一四年の秋。京都の新しい名所の誕生である。それまで三十三間堂の前を通るたびに、「はやく完成しないかなあ」と思っていたのでうれしい。

平成知新館の設計は谷口吉生《たにぐちよしお》。日本を代表する建築家の一人で、東京国立博物館法隆寺宝物館もこの人の作品だ。平成知新館も水平と垂直が織りなす開放的な空間が素晴らしい。片山東熊《かたやまとうくま》による明治古都館（一八九五年竣工、重文）とのコントラストもいい。

オープン記念の展覧会、「京《みやこ》へのいざない」は素晴らしかった。

「ズラリ国宝、ずらり重文。」というパンフレットのコピーにいつわりはない。まずは最初の展示室に並んだ仏像の数々に圧倒された。特に、お坊さんの顔が真っ二つに割れて中から仏さんが現れる西往寺の「宝誌和尚立像」（重文）は、いままで写真では見ていたけれども、実物の迫力は違う。

しかし仏像群はいわば序章にすぎなかった。次の部屋もその次の部屋も、名品中の名品が並んでいる。もう、めまいがしそうだ。

絵巻物の「餓鬼草紙」や「一遍聖絵」（ともに国宝）、「法然上人絵伝」（国宝）をじっくり眺め、祇園祭の様子を描いた「祇園祭礼図屏風」はオペラグラスで細部まで見た。名筆を集めた手鑑《てかがみ》「藻塩草」（国宝）や「古今和歌集」の本阿弥切、曼殊院本（ともに国宝）を舐めるように拝見しているときは、よだれが垂れるんじゃないかと自分でも心配になった。

染織の展示室。「紅地束熨斗文様振袖《べにじたばねのし》」（重文）の前で、この振袖がいかに優れているかを熱心に語っている二人の男性がいた。二人とも七〇代ぐらいで、いかにも散歩の途中という雰囲気だった。もしかしたら友禅の職人なのかもしれない。「見事な仕事や」とつぶやくように言い、「ふぅぅ」と大きな溜息をひとつついて歩いていった。

京都芸術センター

京都芸術センターで立川志らくの落語独演会を聞いた。東京で志らくのチケットはなかなか手に入らない。それを小さな講堂で、高座とも距離の近いところで聞けるのだからうれしい。去年の『子別れ』もよかったけれど、今年の『柳田格之進』はさらにすばらしかった。目がうるうるしてしまったのは、花粉症のせいだけじゃない。

会場となった室町通蛸薬師下ルの京都芸術センターはユニークな施設だ。まずはその建物。まるで学校みたいと思ったら、元は小学校の校舎だった。明治二年（一八六九年）開校の明倫小学校で、現在の建物は昭和六年（一九三一年）に建てられた。当時としては最先端の鉄骨建築だ。階段や廊下の細部に、いかにも三〇年代らしいアールデコ風の意匠が残る。志らくの落語が上演された講堂も、なかなかしゃれた空間である。

明倫小学校は一九九三年に閉校。改築をへて二〇〇〇年に京都芸術センターとなった。改築といっても、明倫小学校だったときの姿は残されている。

センターの活動内容も面白い。かつての教室を利用した制作室では、いつも何かが行われている。美術の展覧会もあれば、コンサートもある、演劇やダンス、パフォーマンスもある。発表だけでなく、ワークショップも行われる。もちろん落語をはじめ茶の湯や伝統芸能も。図書室もあるし、老舗喫茶店、前田珈琲の明倫店もある。

京都会館あらため

二〇一六年の一月、改築工事が続いていた京都会館がようやく再開した。いわゆるネーミングライツにより、新しい名前は「ロームシアター京都」。客席数二〇〇五席のメインホール、七一六席のサウスホール、そして多目的スペースのノースホールをそなえた施設だ。周辺の景観によくなじみ、ずっと前からあったように感じる。

改築前の建物は一九六〇年に落成。ル・コルビュジエに師事した前川國男の設計で、日本の近代建築を代表する建物のひとつだった。老朽化にともなって建て替えられた。香山壽夫《こうやまひさお》設計によるロームシアター京都も、京都会館の意匠を受け継ぐ。二条通側の前面は京都会館の面影をよく残している。

開放的で気持ちのいい施設だ。一階のプロムナードは二条通から冷泉通《れいせんどおり》まで通り抜けられるし、ローム・スクエアと名づけられた中庭は岡崎公園と連続している。

京都人たちの話題は二条通に面した東側、パークプラザである。一階に京都初となる蔦屋《つたや》書店、二階はレストラン、三階はミュージックサロンと会議室、そしてガレリアがある。蔦屋書店はスターバックス コーヒーと一体化したブック&カフェ。東京の代官山は、蔦屋書店ができて駅の乗降客数が大幅に増えたといわれる。関西では大阪・梅田に次ぐ二店目だが、店のサイズは代官山や梅田よりもコンパクトだ。京都に関する本や日本のライフスタイルに関する本、美術・デザイン・ファッション・建築などに関する本を中心に、工芸・雑貨も含めての品ぞろえ。案内ロビーにはロボットのペッパー君もいる。

二階はレストランの京都モダンテラス。三階のガレリアには座り心地のよい椅子が並べられ、本棚にある美術書などを自由に眺めることができる。飲み物の持ち込みもできて、調べものをしている人や、打ち合わせをしているグループもある。

このあたりには、京都国立近代美術館や京都府立図書館、京都市京セラ美術館、京都市動物園などが集まっている。東京でいうと上野公園のようなエリアだ。平安神宮や美術館、動物園の帰りに、ロームシアター京都で一服するのもいい。

フリーマーケットやさまざまな食のイベントなどが行われていた京都市役所前広場が市役所の増築工事にともなって閉鎖しているあいだ、イベントの多くは場所を岡崎公園に移していた。そんなときもロームシアターは使える。

平安京創生館

『京都〈千年の都〉の歴史』（髙橋昌明著、岩波新書）という本を読んでいたら、京都アスニーという施設に平安京の復元模型があると書かれているので、さっそく行ってみた。京都アスニーは京都市生涯学習総合センターの愛称。中京区の丸太町通七本松にある。平安宮の酒造所、「造酒司《みきのつかさ》」があった場所だ。

ここから少し東の、丸太町通と千本通の交差点あたりが、かつて平安京の中心だった。かつては大極殿《だいごくでん》があったが、いまは近くに石碑があるのみだ。

岡崎にある平安神宮は大内裏の一部を復元する目的で計画され、当初、この千本通丸太町に朱雀門を建てる予定だったという。しかし用地買収がうまくいかず断念され郊外の岡崎に建てられた。平安神宮の外拝殿《そとはいでん》は大極殿をかなり正確に復元しているという話なので、大極殿がここに建っていた風景を想像してみる。

京都アスニーの一階に平安京創生館がある。メインの部屋には大きな平安京の復元模型が置かれている。縮尺は一〇〇〇分の一。東西四・五キロ、南北五・二キロの平安京とその周囲が精巧に復元されている。

平安京がそのまま現在の京都になったようなイメージを抱きがちだが、一〇〇〇年の間に都の中心はずいぶん東に動いたことが実感できる。かつての平安京の中心の道路が朱雀大路で現在の千本通だということは知っていたが、朱雀大路を北に延長した位置に船岡山があることに気づいたのはこの模型を見て。たぶん桓武天皇とそのブレーンたちは、船岡山を目印に都をつくったのだろう。模型を見ながら一〇〇〇年前に思いをはせる。

平安京創生館には平安京に関するさまざまな展示のほか体験コーナーがあって、平安貴族の衣裳を着ることができる。妻の手を借り、説明図を見ながら狩衣《かりぎぬ》を着てみた。

悪戦苦闘すること一五分。平安貴族たちは、ひとりで着ていたのだろうか。それとも下男下女たちが手伝ったのか。烏帽子《えぼし》をかぶり、浅沓《あさぐつ》をはいて、檜扇《ひおうぎ》を持つ。なんだか陰陽師《おんみょうじ》になった気分。

京都タワーは灯台である

新幹線が京都駅に着く直前、京都タワーが見えてくる。はじめて京都タワーを見たときの気持ちは複雑だった。「きれい」「美しい」とは言い難いが、しかしイヤな感じではない。下品でもない。「変わっている」「おもしろい」と思った。今なら「かわいい」の一言ですませてしまうのだろうが。

京都タワーが素晴らしいのは、塔なのに威圧的でないところだ。東京タワーや東京スカイツリーとはひと味違う。あのデザインは和ろうそくを模したものだと、わたしはずっと思い込んでいた。近くには東本願寺もあるし、さすがお寺の街、京都だ、と。でもほんとうは、灯台をイメージしたらしい。海のない街、京都で、民家やお寺の瓦屋根を波に見立てた。

設計は日本武道館も手がけた山田守。構造がちょっと変わっている。東京タワーのような鉄骨造りではなく、特殊鋼板の円筒を溶接してつなぎ合わせたもの。つまり巨大な筒なのだ。土管を立てたような感じ。地上一三一メートルは世界でいちばん高い無鉄骨建築なのだそうだ。

京都タワーが完成したのは一九六四年。東京オリンピックが開催され、東海道新幹線が開業した年の暮れだった。

京都の街を歩いていると、いろんなところから京都タワーが見える。四条烏丸の交差点からでも、清水寺のあたりからでも。そのたびに「お、こんなところからも見えるのか」と驚く。「意外と近いな」とか、「この方向に見えるのか」とか。京都タワーはJR京都駅の前だから、駅の方向もわかる。散歩の目印として頼もしい。

二〇一五年の三月、児童文学者の今江祥智さんが亡くなり、五条の斎場でお通夜があった。今江さんにお別れして、斎場を出て五条大橋を渡った。今江さんのことを思い出しながら歩く夜の五条大橋は、すれ違う人の姿もなく、さびしかった。ふと左手を見ると、京都タワーが輝いていた。それはまさに灯台のようだった。

夷川発電所にて

琵琶湖からの疏水は、南禅寺近くの蹴上《けあげ》を経由して平安神宮のそばを流れ、二条通と丸太町通の間で鴨川に合流する。この疏水の脇の道の、平安神宮の横から川端通と交わるまでの間を冷泉通という。藤原定家の流れを伝える和歌の師範家は「れいぜい」と読むが、この通の名前は「れいせんどおり」。でも、近所の人は「れいぜんどおり」といったりもする。京都の地名は複雑だ。

歩道は桜並木になっていて、四月のはじめは見事だ。しかも、意外なことに、いつも人通りはまばら。隠れた花見スポットのひとつである。他のシーズンも、平安神宮へのアプローチはぜひこの道をおすすめしたい。

先日、お昼ごはんを食べたあと、のんびり散歩していたら、疏水でなにやら大がかりな工事をしていた。気になってよく見ると、夷川《えびすがわ》発電所の貯水池で浚渫《しゅんせつ》作業をしているのだった。上流から運ばれてきた土砂を取り除いているのだろう。

夷川発電所は一九一四年（大正三年）につくられた水力発電所である。もう少し上流にある蹴上発電所（一八九七年、明治三〇年完成、日本で最初の商用発電所）に比べると少し若く、規模も小さい。知名度もいまひとつかもしれない。でもわたしは大好きだ。大都市のほぼ中心地域に水力発電所があるなんてすごいじゃないか。はじめて見たときは「さすが京都」と感激した。

今回は浚渫中なのでいなかったけれども、ふだんは貯水池で水鳥が泳いでいる。赤煉瓦の発電所はレトロなたたずまいを見せ、排水口からは水が勢いよく流れ出る音が聞こえる。関西電力のサイトによると、最大出力は三〇〇キロワット。ちなみに、クロヨンダムの名で知られる黒部川水系の黒部第四発電所は三三万五〇〇〇キロワットだという。

桜が咲くころには、工事も終わって、うんときれいになっているだろう。

天神市

毎月二五日は北野天満宮の縁日である。この神社に祀られている菅原道真の誕生日六月二五日と、亡くなった二月二五日にちなんでいるのだという。境内と周辺には露店がぎっしりと並ぶ。「天神さんの市」と呼ばれ、親しまれている。

一〇月の天神市を覗いてみた。バスを降りると、今出川通の歩道は人でいっぱいだ。朝から晴れたからだろうか。それとも土曜日と重なったからだろうか。いつもこんなにたくさん人が集まるのだろうか。

「天神さんの骨董市」と呼ぶ人もいるから並んでいるのは骨董店ばかりかと思っていたら、そうではなかった。参道の入口付近には、たこ焼きや焼きそばなど食べものを売る屋台が並んでいる。奥に進むにつれて、骨董店と古着店が増えていく。

意外なことに、古着店の、しかも着物の人気が高い。一枚一〇〇〇円など値段は激安だけれども、こんなに着物好きの人が多かったとは。それとも、買った古着を材料にして、何か別のものをつくるのだろうか。「これだけ安いんだからね、そりゃあ、シミやヨゴレのあるものもあるよ。よく見て買っていってね」と店主がいっていた。市で買ったものは選んだ人の自己責任なのである。

骨董に夢中になって、肝心のお参りを忘れそうになり、あわてて手を合わせた。お腹が空いたので、近くの天神堂で名物の「やきもち」を買い、食べながら見て歩く。

古い大工道具やオモチャなどを売る店もある。何かの記念バッジやちびた鉛筆など、引き出しの奥のガラクタを集めてきたとしか思えないような店も。値段もついていなくて、聞くとその場で「うーん、五〇〇円」なんて店主が答えている。

値段の交渉もお楽しみのひとつだ。わたしは一個一〇〇〇円のグラスを八〇〇円で買った。妻は一個五〇〇円の小鉢を二個で八〇〇円で買った。

露店をひととおり見て歩くと三時間かかった。一二月の「終《しま》い天神」や一月の「初天神」は、さらに人が増えるという。

六角堂の鐘

夕方、烏丸通の三条界隈を歩いていたら、鐘の音が聞こえてきた。六角堂の鐘である。烏丸通のこのあたりは商業施設や銀行、オフィスビルが並んでいるが、鐘の音が聞こえてくると、「ああ、京都だな」と思う。

六角堂は紫雲山《しうんざん》頂法寺《ちょうほうじ》というのが正式の名前だ。お堂のかたちが、真上から見て六角形であることから六角堂と呼ばれる。京都の人は「六角さん」と呼んでいる。もしかしたら「頂法寺はどこですか」と聞いても通じないかもしれない。

エピソードの多いお寺だ。なにしろ聖徳太子による創建と伝えられる。大阪の四天王寺を建てるための用材を探し求めてここまでいらっしゃったのだとか。聖徳太子が沐浴《もくよく》したと伝わる池の跡もある。そして、この池のそばにあった僧坊、池坊《いけのぼう》から、池坊華道が生まれた。池坊会館と家元道場は六角堂の隣、烏丸通に面したビルだ。六角堂の住職は代々、池坊の家元がつとめる。

また、若き日の親鸞が比叡山を下りて、六角堂に百日参籠したことは、五木寛之の小説『親鸞』などにも描かれている。

境内には「へそ石」がある。京都の中心を示す石で、もとは六角通にあったのを、通行の妨げになるのでこちらに移したのだそうだ。なお、聖徳太子がこの石の上で茶を点《た》てたことから、「へそで茶をわかす」ということばが生まれた……わけはない。

六角堂の脇にスターバックスがあり、境内を眺めながらコーヒーを飲むことができる。三条大橋たもとの店とともに、京都でもっとも眺望のいいスタバだと思う。ビルのエレベーターに乗ると、六角堂を上から拝見できる。

面白いことに、六角堂の鐘楼は境内ではなく、六角通をはさんだ向かい側、飛び地境内にある。どんなお坊さんが鐘をついているのだろうと目をこらしたが、姿が見えない。よほど小さなお坊さん、もしかすると小僧さんなのかと思って近づくと……なんと、誰もいないではないか。誰もいないのに撞木《しゅもく》が動いて鐘を撞《つ》く。全自動撞木という機械だそうだ。これなら撞き忘れたり、時刻を間違えることもないか。

幸福のタクシー

京都はタクシーの多い街だ。河原町通や丸太町通を歩いていると、走っている車両の半数以上がタクシーではないかと思うときもあるほど。ちょっと広い通りに出れば必ずタクシーを拾うことができる。京都でもっとも便利な移動手段はタクシーだ。

もっとも、自宅前まで乗りつけないのが京都流なのだという。少し離れたところで降りて、ご近所さんに「タクシーを普段づかいしてはる」などとは見られないように配慮するのだと、京都育ちの知人にアドバイスされた。

先月、信号待ちをしていると、突然、大学生ぐらいの若い女の子たちが騒ぎ出した。もちろんわたしを見て声を上げているのではない。「わー、四つ葉や！」「ほんまや、四つ葉、四つ葉」「ラッキー！」と口々にいっている。興奮のあまり飛び跳ねている子もいる。若い女の子だけでなく、隣にいた中年の女性たちまでが「まあ、四つ葉なんて、運がええわ」とささやき合っている。

なにごとかと見ると、見慣れたヤサカタクシーだ。しかし天井灯がふつうのヤサカタクシーの三つ葉ではなく四つ葉。ドアに描かれたマークも四つ葉だ。アルファロメオのクアドリフォリオではなく、よくあるふつうの国産車。なぜこんなに騒ぐ？

ネットで検索してみて謎が解けた。「四つ葉のクローバー号」といい、およそ一三〇〇台走っている京都のヤサカタクシーのうち、わずか四台しかないのだそうだ。しかも予約はできないので、乗るには流しているクローバー号を拾うしかない。単純計算すると三二五分の一の確率だ。

情報を集めるうちに、「同僚がクローバー号に乗ったことがある」という人に会うことができた。クローバー号に乗ると、運転手から「おめでとうございます」と祝福され、四つ葉のシールと記念カードを手渡されるのだそうだ。

あの日以来、タクシーを注意深く見ているのだが、なかなか出会えないでいる。

……と書いたが、その後、三度ほど四つ葉タクシーを見た。発見場所はいずれも街の中心部である。ネットなどの情報では、東大路通の八坂神社付近が遭遇しやすいというのであるが。

銭湯は東京の二倍ある（人口比）

京都には銭湯がたくさんある。東京にも銭湯はあるが、せいぜいひとつの街に一軒あるかどうか。それが京都では街なかのあちこちで見かける。住宅街だけでなく、街の中心部にもある。

銭湯好きの人の話によると、市内では九〇軒ほどの銭湯が営業しているそうだ。人口が京都市の一〇倍ほどある東京都の銭湯が約五〇〇〇軒弱というから、人口比では東京の倍近い数の銭湯があることになる。

銭湯というと高い煙突を思い浮かべる。ところが京都では高い煙突のない銭湯も多い。薪《まき》ではなく重油を使っているからだろう。高い煙突がないので、近くに行くまで銭湯があるとわからない。それだけに、銭湯に遭遇したときは「おお、こんなところに！」と驚きも大きい。入口の意匠もそれぞれ工夫を凝らしている。

昔の町家は内風呂を持たないことが多かった。わたしが住んでいる家も、明治の終わりに建てられたときは風呂がなかったようで、戦後、坪庭の一部に風呂を増築したらしい。いま新築する家はほとんどが内風呂つきだ。だから銭湯の利用者は減っている……と思いきや、意外とそうでもないらしい。銭湯でのびのびとお湯に入りたいというファンが増えているというのだ。手足を思いっきり伸ばせるのがいい。

実際に銭湯に行ってみると、けっこう繁盛している。利用者の年齢層も幅広い。二〇代から七〇代までまんべんなくいる。

「レトロ」の代名詞みたいな銭湯だが、進歩もしている。たとえば昔の銭湯は脱いだ服を脱衣籠に入れておくだけだったが、いまは鍵つきのロッカーが完備されている。浴槽がいくつもある。泡風呂になっていたり、お湯の温度が違っていたり。サウナがある銭湯もある。

のんびりお湯に入ってリラックスできて、これで大人五一〇円は安い。

錦市場の朝は意外と遅い

「朝のはよからな、まだどっこも開《あ》いとらんのに、よ（ぎょ）うさん人がいてるんや。うろうろしてはってな。なんやと思《おも》たら、市場やから夜明け前からやってるやろいうて。その市場とちごてるいうたんやけど、わかったかどうか……」

偶然耳にしたご近所さんの会話である。早朝、四条方面に用事があって、錦市場を通りがかったら、観光客がたくさんいたというのである。まだどこも営業していない時間なのに。

錦小路の寺町から高倉までの間がアーケードになっていて錦市場という。別名、京の台所。八百屋、漬物屋、乾物屋などさまざまな店が狭い通りの両側にぎっしりと並んでいる。その数、一二〇軒以上。休日の昼間、そして暮れなどは、まるで東京の朝の山手線車内のように混んでいる。

「市場」というが、東京・築地にあったような卸売市場ではない。むしろ東京でいうなら上野のアメ横に近い。だが「市場」と名がつくので、早朝からにぎやかだろうと、勘違いしてくる人もけっこういるそうだ。

もっとも、かつて「錦市場」は市場だった。はじまりは江戸時代初期の一六一五年。幕府から魚問屋の称号をゆるされた。良質の地下水が出るので、魚を冷やすのに適していたらしい。しかし、昭和の初め、一九二七年、京都中央卸売市場（京朱雀《すざく》市場）が丹波口駅近くにできてから、錦市場は小売り中心の商店街になっていったのだとか。

ちなみにこの東京・築地の中央卸売市場の開場が一九三五年だから、京朱雀市場のほうが八年も早い。

異端の画家、伊藤若冲《じゃくちゅう》のブームが長く続いているが、彼は錦市場の青物問屋に生まれた。錦市場の高倉側入口には、若冲の絵が大きく飾られている。

酒蔵の街、伏見を歩く

子供のころ「京都伏見のお酒、玉乃光。おいしおすえ」と舞妓さんがお酌してくれるテレビCMがあった。以来、わたしの頭には京都といえば伏見、伏見といえばお酒、とインプットされている。晴れた日、伏見を散歩した。

京都市のなかで南部に位置する伏見は、古くから酒造りで栄えてきた。良質の地下水に恵まれているだけでなく、宇治川や桂川という水上運搬のインフラにも恵まれた。現在も約二〇の酒蔵が伏見にあるという。それも、全国に広く流通するナショナルブランドから、限られた店でのみ入手できる小さな蔵元まで多様だ。

酒蔵が集まるエリアは近鉄伏見駅からだと、歩くと少々遠いので要注意だ。最寄り駅は近鉄の桃山御陵前駅か京阪の伏見桃山駅、あるいは京阪の中書島《ちゅうしょじま》駅である。

近鉄・桃山御陵前駅と京阪・伏見桃山駅は、駅名は違うが隣接している。どちらの駅も改札を出るとメインストリートの大手筋通。通りにある酒屋には伏見の酒がそろっている。店内で試飲できる店もある。銀行のショーウィンドーにも地元酒蔵のミニチュア菰樽《こもだる》を並べるなど、酒の街をアピールしている。

「月桂冠」（大倉酒造）の大倉記念館では酒蔵見学が、「黄桜」の伏水蔵では日本酒の酒蔵とビール工場の見学ができる。

毛利橋通には「蒼空《そうくう》」の蔵元、藤岡酒造の「Ｂａｒえん」がある。工場の内部をガラス越しに見ながら、各種の「蒼空」をつまみとともに味わえる店だ。東京ではなかなかお目にかかれないブランドなので、つい吸い込まれるように入ってしまう。

日も高いうちから日本酒を飲んでいい気持ちになり、龍馬通を歩いて坂本龍馬が襲撃された寺田屋の周辺や濠川《ほりかわ》べりを散歩した。酒蔵の白壁や瓦屋根が見えて、洛中とはちがう風景が広がる。

元祖「つくおき」の街

最近の出版界で話題なのは、「つくおき」と呼ばれるジャンルの料理本だ。「つくおき」は「つくりおき」の略（一文字しか減ってないが）。たとえば週末にまとめて一週間分の料理をつくり、小分けして冷蔵庫や冷凍庫に保存するというレシピ集である。電子レンジで温めればすぐ食べられる。人気ブロガー、ｎｏｚｏｍｉさんの『つくおき』（光文社刊）がヒットして以来、書店の料理本コーナーにはさまざまなつくおき本が並んでいる。

京都こそ元祖「つくおき」の街ではないか。たとえば京都みやげの定番、「ちりめん山椒」。ちりめんじゃこと山椒を醬油で炊いたもので、保存食のひとつだ。これさえあれば、何杯でもご飯を食べられる、という人もいる。

佃煮も京都はおいしい店がたくさんある。河原町通四条の永楽屋の「一と口椎茸」は贈答品にも使われる高級なものだが、やはり「これさえあれば、ほかにおかずはいらない」という人も。

ストックしておけばすぐ食べられ、おかずの品数が少なくてすむ、というところがポイントだ。調理時間と食費の節約になる。

すぐき、千枚漬けなど、京漬物もおいしい店がいろいろとあり、しかも店によって味が違う。「わが家は○○屋で」と代々同じ店で買い続ける家庭が多いので、世間話のついでに「漬物はどこを贔屓《ひいき》にしてらっしゃいますか？」などと情報収集する。わたしのイチオシは四条通木屋町の村上重《むらかみじゅう》。

「おばんざい」をメインメニューに掲げる小料理屋もあるが、口の悪い京都の友人にいわせると「あんなん（あんなのは）家庭の料理や。カネもろて、人さまに出すような料理やないで」とのこと。そういえば、料理研究家の杉本節子さんは「一円でも安くすませるのが家庭の料理。一円でも高くしようとするのがお店の料理」といっていた。

おばんざいは根菜など京都の野菜を中心に、煮たり焼いたりしたものがほとんどだ。それほど凝った調理法のものはないが、昆布と鰹節でしっかりと出汁《だし》をとっていて、シンプルでおいしい。味覚についての研究の第一人者、伏木亨《ふしきとおる》・京都大学名誉教授の『だしの神秘』（朝日新書）によると、京都の柔らかな水が奥深い味を引き出しているという。

「たいたん」は魔法のことばだ。「炊いたもの」という意味である。野菜やキノコ、豆類、魚介類、おあげ（揚げ）などを二種類か三種類、出汁をきかせて煮るだけで、「〇〇のたいたん」という京料理に変身する。使うのは材料の上等な部分ではなく、切れ端のようなところ。ダイコンやニンジンの皮だって料理だ。「しまつ（始末）」は京都人の伝統的な生活態度なのである。

漬物や佃煮、ちりめん山椒は保存食であるし、おばんざいはそれをアレンジして手軽につくったものが多い。調理時間と材料費の節約という面でも「つくおき」のルーツのようなものだ。おばんざいや保存食が発達したのは、この街が職人の街、家内制手工業の街だからだろう。『つくおき』の著者の本業が当時はシステムエンジニアという忙しい仕事だったように、職人も忙しい。陶芸家、河井寛次郎の工房や、七宝作家、並河靖之の工房が、現在は記念館として公開されているが、見学すると、工房と自宅が続いていて、製作（仕事）と生活が一体だったのがわかる。京町家の基本構造も、玄関付近が商売や製作のスペースで、その奥と二階に生活空間がある。職と住が一体化した環境のなかで、食事は保存食をアレンジして短時間でつくり、食べるのも短時間だったのだろうと想像できる。「しまつ」は食材だけでなく時間においてもいえることであり、都市で生活していく秘訣だ。

とらやの羊羹

文房具の老舗、鳩居堂を、東京の店だと思っている人がいる。日本でいちばん土地の値段が高い場所として、東京・銀座の鳩居堂前がたびたび紹介されるからだろう。しかし、鳩居堂のルーツは京都。寛文三年、一六六三年に熊谷直実《くまがいなおざね》の子孫、熊谷直心《じきしん》が現在京都本店のある寺町通、本能寺の正門前で創業した。熊谷直実といえば、『平家物語』で平敦盛を討ち、その空《むな》しさから出家した武士である。このあたりを歩くと、鳩居堂からお香のいい匂いが漂ってくる。一方、日本一地価の高いところにある銀座の店は、明治一三年に東京出張所としてはじまった。

ついでにいうと、織田信長が明智光秀に討たれたとき、本能寺はここではなくもっと南西のほう（いま堀川高校があるあたり）にあった。元本能寺町という町名が残っている。

和菓子のとらや（虎屋）が東京の店だと思っている人はもっと多いだろう。たしかに本社は東京の赤坂にある。

でも虎屋の創業の地は京都だ。それも室町時代の後期だというから歴史が古い。京都御所の西、烏丸通一条に店をかまえ、長く宮中にお菓子を納めてきた。

明治維新で天皇が東京の旧江戸城に移ったとき、虎屋も御所御用の菓子司として、京都の店はそのままに東京に進出した。それから一五〇年の時が流れ、羊羹をはじめとらやの和菓子は東京を代表する味となった。進物、おみやげとして使う人も多い。

東京の人からとらやの羊羹を渡されると、京都の人は複雑な気持ちになるらしい。「こっちがルーツやのに」という感じか。「京都においてもめったに口に入らへん高級品、おおきに」といわれても、その皮肉がわからない人もいる。もっとも、「とらやの羊羹が大好きなのに、誰もおみやげに買ってきてくれない」と嘆く生粋の京都人もいるから複雑だ。

京都一条店のすぐ近く、一条通烏丸西入ルの虎屋菓寮《かりょう》では、庭を眺めながらとらやの和菓子とお茶を楽しめる。ライブラリーには和菓子を中心に日本の伝統文化の資料がある。京都のなかでもっとも贅沢な時間をすごせる空間のひとつだ。

一保堂茶舗

寺町通二条の一保堂茶舗といえば、老舗の日本茶専門店としてよく知られている。瓦屋根の木造建築で、表には「茶一保堂」と染め抜いた大きな暖簾が掛かっている。京都を訪れたことがない人でも、その外観の写真は見たことがあるだろう。創業は享保二年、一七一七年というから三〇〇年の歴史を持つ。

店の前で観光客がよく記念撮影をしている。店内に入ってお茶を注文し、包んでくれるのを待ちながら様子を見ると、お客の半分ぐらいは地元の人、それも常連さんのようだ。観光客と地元の人の両方に愛される店は、意外と珍しいかもしれない。

扱っている抹茶や煎茶の種類の多さに驚く。値段もずいぶん違う。迷ったときは店員さんに相談するべし。味の違いや淹《い》れかたなどをていねいに教えてくれる。京都の直営店でしか販売していないお茶もある。

店内には喫茶室嘉木《かぼく》があって、お茶と和菓子を楽しめる。自分でお茶を淹れたり点てたりできるので、茶の湯気分も味わえる。

一保堂には「給茶スポット」の看板が掛かっている。お茶のテイクアウトができて、しかもマイボトルを持っていくと淹れてくれるのだ。プロが淹れたお茶は驚くほどおいしい。煎茶とほうじ茶、それぞれホットとアイスがあって、わたしのおすすめは熱い煎茶。がぶ飲みするのではなく、少しずつ舌に載せるようにして味わうと、身も心もリラックスしてくる。

一保堂の奥さん、渡辺都さんのエッセイ『お茶の味』（新潮社）は楽しい。京都の人びとのくらし、お店のこと、お茶のことなど、渡辺さんが日常で感じたさまざまなことが、穏やかな語り口で書かれている。まるで日本茶のように、じんわりといい気持ちになる文章だ。おいしいお茶の淹れかたも書かれている。

パン屋の街

京都はパン屋の街である。なにしろパンの一世帯あたり消費金額は日本一（総務省統計局家計調査二〇二一～二三年）。いま日本中で小さなパン屋がブームになっているが、なかでも京都は特別だ。街のあちこちに小さなパン屋がある。店の奥にパン焼き窯《がま》があり、焼きたての自家製パンを売る小さなパン屋だ。

店によってそれぞれ得意なパンがある。定番のバゲットや食パンでも、それぞれの店で味や食感が違う。粉を碾《ひ》くところから自分の手でする店もあるし、レンガの窯と薪《まき》でパンを焼く店もある。

散歩の途中でパンを買う。「今日は〇〇方面を歩くから、あのパン屋に寄ろう」と考えることもあるし、「そろそろあのパンを食べたい」と思って散歩のコースを決めることもある。パンはちょうどいい散歩の口実だ。

下鴨神社方面を散歩するときは、下鴨本通沿いにあるナカガワ小麦店に寄る。自家製粉、天然酵母、低温長時間発酵の店だ。バゲット生地に丹波産大納言が入った餡《あん》パン「ａｎｎｅ」がいい。下鴨神社にお参りして、鴨川の河原でａｎｎｅを食べる気分は最高。下鴨神社から御蔭橋《みかげばし》を渡ったところにあるアペリラのパンもおいしい。

最近気に入っているのは丸太町通河原町東入ルのＢａｋｅｒｙ ｕｋｉ（ウキ）、河原町通荒神口下ルのボン・ボランテ、二条通小川東入ルのクルス、押小路通烏丸東入ルのしろはとベーカリーなど。やめてしまうお店もあるが、新しいお店も次々とできている。なお、京都のパン屋は週休二日だったり、夏休みなど長期休暇もしっかりとるところが多い。

そうそう、進々堂を忘れてはいけない。京都のパン文化の中心にあるのが、一九一三年（大正二年）創業のこの老舗。市内のあちこちにある。サンドイッチに進々堂の食パンを使う飲食店も多い。わたしがよく利用するのは寺町通のベーカリーレストラン。できたてのパンが並ぶ。ランチにはパンが食べ放題のセット・メニューがあって、これがおすすめだ。注文のコツは、「コーヒーとパンを先にください」と告げること。メインの料理の前にパンを持ってきてくれる。

京都の「たまサン」

いつだったか、喫茶店でミックスサンドのモーニングセットを注文したら、サンドイッチの脇にサラダとゆでたまごがついてきたので驚いた。ミックスサンドにもたまごが入っている。もしかしたら、たまごを仕入れすぎて余ったのでサービスしてくれたのではないか。そのときはそう考えたのだが、どうやら違うらしい。

京都の人はたまごが好きだ。京都以外の人もたまごは好きだが、京都人のたまご好きはちょっとレベルが違う。

それがよくあらわれているのが、喫茶店のたまごサンド。略して「たまサン」。雑誌の特集でも取り上げられるし、ネットで「京都」「たまごサンド」を検索すると、わんさか情報が出てくる。「たまサン」めぐりをするファンまでいるほど。

たまごサンドは全国どこの喫茶店でも定番メニューだが、京都のそれは独特である。まず、たまごの量が多い。東京の標準的なたまごサンドの、一・五倍から二倍ぐらいのたまごが使われているのではないかと思う。ときには「大きいのを三個ぐらい使ったか？」と推測されるようなサンドも。サンドイッチというのは、パンとパンの間に具がはさまっているもののはずだが、「たまごの両側にちょっとパンが張りついています」というような形状の「たまサン」もある。

　ふたつめの特徴は、温かい「たまサン」が多いこと。いや、温かいというより、「アッアツ」に近い。

　そしてみっつめの特徴は、喫茶店ごとにそれぞれ個性的であること。たまごの状態も、厚焼きたまごだったり、トロトロのスクランブルエッグだったり。お店によって違うから、「たまサン」めぐりをする人もいるのだ。

　感動したのは、上七軒《かみしちけん》ちかくのknot café（ノットカフェ）の「たまサン」。ここのはだし巻きたまごで、まん丸いパンにはさまれている。見た目もかわいいが、味もすばらしい。人気の店で、入れないこともある。

本好きの天国

京都は本好きにとって天国だ。大小さまざまな新刊書店があちこちにあり、個性的な書店も多い。古本屋も点在していて、中心部の繁華街にもある。もともと大学が集まり、学者や作家が多く住んでいるからなのだろう。最近はコーヒーを飲みながら本を読めるブックカフェも増えた。

「出版は東京の地場産業」ということばもあって、全国に約三〇〇〇社ある出版社の大半は首都圏に集中している。しかし、平安時代から日本の出版の中心地は京都だったし、江戸時代に商業印刷がはじまってからも、京都は大坂・江戸とともに出版の街だった。いまも市内にはおよそ一〇〇社もの出版社があって、活発な活動をしている。東本願寺前の法藏館書店のように創業四〇〇年あまりの老舗出版社もあるし、寺町通の竹苞書楼《ちくほうしょろう》は創業二七〇年以上の古書店である。

京の三大祭りというと葵祭・祇園祭・時代祭のことだが、本好きにとって京の三大祭りは「春の古書大即売会」「下鴨納涼古本まつり」「秋の古本まつり」。春の古書大即売会は五月の連休中に岡崎の京都市勧業館みやこめっせで、納涼古本まつりは八月のお盆に下鴨神社の糺の森で、秋の古本まつりは一〇月の末ごろから一一月のはじめにかけて百万遍知恩寺で開かれる。三大古本祭には、京都市内だけでなく近畿各地から古書店が集まり、全国から古本ファンが集まってくる。東京の古本まつりに比べると、家族連れが多く、どこかのんびりしている。

昔の京都の本屋はもっとよかった、それに比べると今の京都は……という声もよく聞く。わたしも一九八〇年代から全国の書店を見て回っているので、往時のことは少し知っている。四条河原町を中心に、駸々堂《しんしんどう》京宝店や京都書院、オーム社、ジュンク堂……いい書店がたくさんあった。でも世紀の変わり目あたりからみんななくなってしまった。

日本全国どこの町でも書店は減り、チェーン店ばかりになってしまった。でも、他の都市と比較すると、やはり京都は本の天国だなあと感じる。後述する河原町丸太町の誠光社のような味わい深い品ぞろえの小さな店から、八条イオンモールの大垣書店や河原町京都ＢＡＬの丸善のような巨大店まで、新刊書店はさまざまあるし、児童書や建築書などの専門店もある。東京の書店と比べると、店内に流れる空気がゆったりしていて、店主や店員の顔がよく見えるような気がする。

若い世代による新しい新刊書店や古書店も生まれている。散歩のついでに本屋を覗き、ブックカフェでのんびり過ごすのは最高の贅沢だ。

誠光社が開店した

左京区にある書店、恵文社一乗寺店は、独特の品揃えで知られる。雑貨も扱い、ギャラリーもある。最寄り駅は叡電《えいでん》の一乗寺駅で、けっして便利なところとはいえないにもかかわらず、遠方からわざわざ来店する人も多い。いまや観光名所のひとつだ。ある不動産屋社長の話によると、近年、「恵文社の近くに住みたい」という学生や若者が増えていて、近辺のアパートは空き待ち状態のところが多いのだとか。

その恵文社の店長を一三年間務めてきた堀部篤史さんが独立して、小さな書店、誠光社をはじめたのが二〇一五年の夏。ネット販売での数か月を経て、一一月二五日、実店舗が上京区にオープンした。場所は河原町通の一本東、中町通。丸太町通から七〇メートルほど上がったところ。河原町丸太町の交差点からほんの一分、京阪の神宮丸太町駅からなら三分といったところだ。町家の一階が店舗で二階が堀部さんの住まいだ。

開店日、二五日の昼前に覗いてみると「今日、開いたところです」と堀部さんの上気した顔。棚の一部は未完成なものの、入口にはお祝いの花が並び、店内にはすでに何人ものお客さんが入っている。

誠光社の特徴は、出版社から直接仕入れた本が中心になっていること。取次（問屋）を通じて本を仕入れる多くの書店とはひと味違う。棚には美術や文芸、映画などカルチャー関係の本を中心に、堀部さんの眼にかなった本だけが並べられている。店の奥の壁面はギャラリー・スペースになっている。

いささか古めかしい店名の由来は、大正から昭和初期にかけて丸太町通にあった西川誠光堂にちなんだものだという。世の中が戦争に向かう中、頑固にリベラルな本を売り続けた伝説の店だ。いまの出版界、書店界のありかたに一石を投じたいという堀部さんの意欲がうかがえる。

翌週、三度目にたずねたときは、近所に住む作家のいしいしんじさんが、息子のひとひ君とともに、本にサインを入れに来ていた。そうそう、開店の翌日にはいしい親子による蓄音機演奏会も店内でおこなわれたのだった。今後もトークショーをはじめさまざまなイベントを開催していくそうで、同店のサイトから目がはなせない。

……と書いたのは一五年の一二月。その後、誠光社の棚はどんどん充実し、トークショーなども活発だ。そればかりか、トークショーの内容を書籍化して出版もしている。開店以来、堀部さんはさまざまな雑誌や新聞に登場し、いまや売れっ子エッセイストでもある。しかしベースは、街の中で小さな店を続けていくというまっとうなこと。

第四章　文化と歴史の底力

文化庁がやってくる

二〇一六年のある日、市役所の前を通りがかると、本庁舎正面に大きな看板が掲げられていた。「歓迎　文化庁の移転決定」とある。「文化力で日本を創生、世界に貢献」という、よく考えると意味不明なコピーもついている。移転が決まった二〇一六年三月二二日の正午すぎに取りつけられ、除幕式もあったそうだ。京都タワーと東寺でも、お祝いのライトアップがあったとか。

そういえば、臨床心理学者の河合隼雄さんは、第一六代の文化庁長官だったとき、京都国立博物館内に文化庁京都分室をつくった。あの世で移転決定を喜び、缶ビールで祝杯を挙げていることだろう。

文化庁の京都移転はいいことだ。文化庁だけでなく、ほかの省庁もどんどん地方移転を進めるといい。世界は永田町と霞が関を中心に回っているわけではないのだから。経産省は大阪に、農水省は北海道に、外務省は福岡に移転してはどうだろうか。

京都府の誘致に対して、文化庁側の抵抗は強かったそうだ。芸能も出版も多くは東京に集まっているじゃないか、オリンピックだって近づいているし、というのがその論拠だったらしい。できるだけ国会や他省庁に近いほうがいいのだ、とも。いかにも前例踏襲が大好きな役人の思考である。

京都の町の人びとは、移転が決まってもクールだ。「さよか。そらよろしおしたな」てなもんである。「ま、せいぜい、お気ばりや」と。京都人は日本文化の中心は京都にあると思っているので、文化庁があろうとなかろうと、そんなことはどうでもいいのだ。たとえオリンピックや万博が京都で開かれることになったとしても、「そらよろしおしたな」ですませるだろう。オリンピックよりも祇園祭をとどこおりなくおこなうほうが大切なのだ。京都人が心から喜ぶとしたら、それは皇居が京都御所に戻るときだろう。

学都としての京都

京都は学都、学問の街。大学の街、学生の街でもある。

四月になると、京都の街のあちこちで大学一年生の姿をよく見かける。地下鉄駅やバス停で路線図などを不安げに見ていたり、動きがぎこちなかったりするので、一目でわかる。表情も初々しい。なにしろ一週間前までは高校生だったのだから。

おっと、うっかり「一年生」と書いたが、関西では「一回生」と呼ぶ。物知りの友人の話では、「○年生」と「○回生」の違いは昔の東大・京大にさかのぼる。東大は年次ごとに取得すべき単位が決まっていて、取れなければ進級できないのに対し、京大は入学して四年までは落第がなく、卒業時に単位が足りなければ留年するという制度だった。それにならって、東日本では「○年生」、西日本では「○回生」と呼ぶようになったのだという。

京都は京都大学をはじめ、国公立や私立の大学や短大の多い街だ。専門学校もたくさんある。京都市は「大学のまち京都・学生のまち京都」の推進を掲げている。市のサイトによると、市内には三八の大学・短大があるそうだ。また、大学連携組織の「公益財団法人大学コンソーシアム京都」には四六の大学・短大が加盟している。

同規模のほかの都市、たとえば福岡市は約一五〇万人の人口で大学・短大の数は二四。約一九七万人の札幌市は二四、約一一〇万人の仙台市は一四。人口比で見ても京都は大学・短大が多い。もともと京都には大きな寺院や宗派の本山が集まっている。ヨーロッパの学問が教会・修道院から発展していったように、お寺も学問の場所である。近代の学校教育制度がはじまる前から、京都は学都だったのだ。

学都であることが、京都という街の活力につながっている。なにしろ毎年、四月になると、たくさんの新入生がこの街で生活をはじめるのだ。それも、全国から、いや最近では世界中からやってくる。若者はあまりお金を持っていないけれども、お金がないなりに音楽やファッションを楽しもうとする。寺町通や御幸町《ごこまち》通の三条と四条の間をはじめ市内には古着屋がたくさんあり、若者たちは器用にそれを組み合わせて自分だけの着こなしをしているが、そうした京都ならではのファッション文化も学都だからこそ生まれた。

ふだん街を歩いていても、若者の姿が多い。京都や、そして同じく若者の街である東京の渋谷や原宿など都心にいると当たり前の風景のように感じているが、他の地方都市や農漁村を歩くと、その違いは歴然としている。地方創生が叫ばれるが、いくらお金をそそいでも、若者を惹きつけられなければ無理だろう。

学都としての歴史が長いからか、京都の人の学生や教員、研究者への目はあたたかだ。多少はめをはずしても「しゃあないなあ」と呆れつつ見守る寛容さがある。

京都和服事情

和服姿の人が急に増えてきたように感じる。しかも、若い人が多い。男女比では圧倒的に女性が多いけれども、男性もよく見かけるようになった。

もともと職業的に和服を着る人がたくさん住む街である。舞妓・芸妓、僧侶、日本料理店関係者。また、茶道や華道など芸道の宗家・家元も多く、そこに出入りする人びとも。

好きだから着る、ファッションとして着るという人の比率も、他の街より多いと感じる。わたしは東京でも京都でもときどき和服を着て外出するが、京都では東京のようにチラチラ（ときにジロジロ）見られることはない。見慣れた風景になっているのだ。

京都にとって和装関連は中世のころから重要な産業だった。「西陣織」や「京友禅」という言葉は和服を着ない人でも知っている。ところが生活様式の変化や人口減少、長期不況などで需要は激減した。とくに一九八〇年代以降は激しい。「地場産業の危機だ」と、官民あげて和服の普及に力を入れている。和服姿で利用すると割引やプレゼントなどの優待を受けられる飲食店や商店、施設、タクシー会社などもある。門川大作前市長は式典等でかならず和服を着ていた。

だが、京都で和服姿をよく見るようになった最大の理由は、レンタル着物の観光客が増えたからだろう。それも外国からの観光客が多い。和服を着てお互いに写真を撮るなどしてはしゃぐグループのそばを通ると、聞こえてくるのは外国語だ。もちろん日本人の観光客もたくさんいる。

レンタル料金は着物や帯、草履などのセットで一日二〇〇〇円から五〇〇〇円ぐらいの店が多く、写真撮影などさまざまなオプションをつけると一万円ぐらい。これで飲食店はじめさまざまなところで優待を受けられることを考えると、けっこうおトクかもしれない。もっとも、レンタル用の和服のうち、どの程度が京都産なのかはわからない。化繊にインクジェットでプリントして中国でつくった和服も多い。これがほんとの「呉服」だ。

ところで、観光客ではない、地元京都の人びとの和服だが、よく観察してみると、東京とはいささか違いがある。京都の和服は東京に比べると、あでやかというか、派手なのである。京都の和服を銀座で着ると、たぶん浮いて見えるだろう。逆に、銀座の和服は京都だと沈んでしまう。この違いは、人びととの気質というよりも、京都の街の色彩や周囲に山がある環境からきているのではないかと思う。東山の緑や祇園の町並みを背景にすると、あでやかな色や柄がよく映える。

草履のかたちも少し違っている。東京の草履がほっそりとしているのに対し、京都の草履はぽってりとしている。京都の老舗であつらえた草履が銀座で似合うとは限らない。

また、京都の女性は化粧がやや濃い。もちろんスッピンの人もいるし、人それぞれで、あくまで平均的な印象であるが。あるいは、東京の女性が他の地域に比べて薄化粧（もしくは薄化粧に見えるメイク）なのかもしれない。これも着ているものとのバランス、町並みや周囲の風景と関係がありそうだ。

マンガとアニメの街だった

若い外国人観光客にいちばん人気なのは、お寺でも神社でもなく、マンガであるらしい。何年か前からそんな声をよく耳にする。烏丸通から京都国際マンガミュージアムの庭を覗くと、それも納得できる。季候のいいときは、座ったり寝転がったり、それぞれ好きな姿勢でマンガを読む人でにぎわっている。

マンガミュージアムは二〇〇六年に誕生した。場所は御池通と烏丸通の交差点近く、かつて龍池《たついけ》小学校だった建物。こんなに人気になるとは、そして世界的にも高い評価を受けるようになるとは、開館前に誰が予想しただろう。「巨大なマンガ喫茶」などと批判する人もいた。経済産業省が省内に「クール・ジャパン海外戦略室」を開くのは二〇一〇年だから、マンガミュージアムの開館はそれより四年も早かったのだ。

マンガミュージアムは京都市と京都精華大学の共同事業であり、たんにマンガを展示するだけでなく、収集・保管し、広くマンガ文化について調査研究を行う拠点である。収集する資料も現代のマンガだけでなく、江戸時代の浮世絵や明治・大正の「ポンチ絵」なども含む。

一二年からは毎年九月、京都国際マンガ・アニメフェア（通称「京まふ」）が京都市と同フェア実行委員会の主催で、みやこめっせ（京都市勧業館）とマンガミュージアムを会場に開催されている。いまやマンガ、アニメは、京都にとって伝統文化に次ぐ観光資源なのだ。

市の交通局もアニメふうのキャラクターを積極的に使っている（作画は賀茂川）。地下鉄の利用を呼びかける「地下鉄に乗るっ」のキャンペーンもそう。「太秦萌《うずまさもえ》」「松賀咲《まつがさき》」「小野《おの》ミサ」といったキャラクターをポスターなどに起用。フェイスブックでも毎日のように情報発信している。

女の子のいわゆる「萌えキャラ」だけではいかがなものか、という声があったのか、少し前からは「小野陵《おのりょう》」「十条タケル《じゅうじょう》」という男の子キャラも加わった。マンガミュージアムにも「烏丸ミユ《からすま》」というPRキャラクターがある（いる？）のだが、小野陵君は烏丸さんの同級生で、小野ミサさんの兄。大学三回生の二一歳、デザインの勉強中……なんていう虚構のプロフィールも細かく設定されている。彼女たちが活躍する幹（もとき。作家の名前である）のライトノベル『京・ガールズデイズ』（講談社ラノベ文庫）も刊行され、いまや太秦萌たちの人気は京都市内だけでなく全国的に広がっている。

京都発のキャラクターが活躍するのは結構。

しかし……。

わたしは「トラフィカ京カード」を使っていた。市バス・地下鉄専用のプリペイド式磁気カード乗車券で、一〇〇〇円券で一一〇〇円分利用ができる。太秦萌たちのキャラクターはこのカードにも使われているのだが、利用者としては正直いって複雑な気分である。思い浮かべてみてほしい、初老の男が、ミニスカートをはいた女子高生の絵が描かれたカードでバスや地下鉄に乗るのである。

カードの絵柄はキャラクターだけではないのだが、駅の自販機で購入すると高確率で太秦萌が出てくる。そこでわたしは、自販機ではなく窓口で、絵柄を選んで購入している……のだが、残念なことにトラフィカ京カードは二〇二三年三月末で利用終了してしまった。

きずしが食べたくなって

京都に住んで好きになった食べものはいろいろあるが、何といってもいちばんは「きずし」だ。外で晩ごはんを食べるときは、必ず注文する。冬は燗酒ときずしから、夏はビールときずしから夕食がはじまる。

最初は品書きを見ても、どんなものかわからなかった。ごはんの上に刺身をのせたにぎりずしの一種だろうと思って注文した。わたしの郷里、北海道では、にぎりずしのことを「なまずし（生寿司）」と呼ぶ。だから出されたものを見て「なんだ、しめさばじゃないか」とがっかりした。

ところが口に入れてびっくり。関東のしめさばとは違う。味が深くて濃いのだ。さすが鯖街道の終着地、京都だと思った。

関東からの旅行者のなかには、わたしのようにすしの一種だと勘違いする人も少なくないようだ。ときどき居酒屋のカウンターで、「最後は、しめに……そうだ、きずしをください」と注文する場面に遭遇する。店の親方に「きずしっていうのは、しめさばですが、よろしいですか」と確認され、「ええっ」とたじろぐ旅行客。一呼吸あってから、「じゃあ、お茶漬けください」と注文し直す。

店によってきずしの味が違う。さばをいちど塩漬けにして、塩を落としてからさらに酢に漬ける。このとき砂糖も使うが、味つけのためではなく、さばの水分を抜くためらしい。塩と砂糖と酢の配合や漬ける時間によって味が変わる。それぞれの店の、自慢の味である。さあ、今夜はどこのきずしで飲もうか。

よそさんが支える京料理

久しぶりに近所の割烹店に入ると、若い見習いの料理人がいた。高校の調理系コースを卒業したばかりとのこと。「よろしくお願いします」と挨拶する顔に幼さが残っている。親方の指示に「はい」とこたえる姿は、なんだか甲子園球児のようだ。関東の出身で、ひとり暮らしするのも、関西に住むのもはじめてだという。

意外なことに京料理の料理人には京都市外・府外の出身者が多い。長く続く老舗は別として、生粋の京都っ子による京料理店は少ないのかもしれない。また、二代目、三代目の店でも、女将がその店の娘で、親方は他県の出身ということも。

ある店の親方は東京の出身。若いころ、修業のために京都にやってきた。そのときは数年修業してから東京に戻り、自分で京料理の店を開くつもりだったという。ところが修業中に京都の女性と出会って結婚。東京に帰る計画を変更して、ふたりで京都に店を持った。料理の腕だけでなくビジネスの才能もあり、店舗は賃貸ではなく自前、隣接地も買い足したとか。苦労も少なくなかったという。

京料理の店は、お客も京都以外の人が多く、カウンター席の半分以上が市外からの客ということもある。京料理とは、よそさんが京都でつくって、よそさんが京都で食べるもの、なんて皮肉も出そうだが、もちろんわたしもよそさんである。京料理のウィンブルドン現象とでもいおうか。

東京にも（そして、ほかの街にも）京料理の店がたくさんある。たいていの店は、京都で修業した料理人が親方。なかには店を出るとき「おおきに」と送ってくれる店もあり、ちょっと気恥ずかしくなるが。「京料理」は料理のジャンルであると同時にブランドなのだ。フランス料理店の料理人がフランスで修業するように、イタリア料理店の料理人がイタリアで修業するように、京都で修業して京料理の料理人になる。

京料理の店だけではない。東京・銀座にある老舗天ぷら店の店主は、若いころ、京都の料亭で修業した。自分から望んだわけではなく、父である先代に命じられてのこと。天ぷら店のあとつぎが、なぜ京料理の修業を？　と聞くと、天ぷらを中心にした懐石料理などの勉強になるとのことだった。

そもそも京料理とはなんなのだろうか。たんに京都の郷土料理とか、京都産の食材を使った日本料理ということとは違うようだ。エッセイストで編集者の江弘毅《こうひろき》さんによると、「京料理とは、公家の有職《ゆうそく》料理とお寺の精進料理、それと京都庶民のおばんざいが融合したもの」。つまり、もともと京料理はハイブリッドなものなのだ。それからすると、京都以外で育った人が京料理をつくるのも、けっしておかしなことではない。

ちなみに、京料理が薄味だというのは誤解である。薄味なのは大阪。京都の料理は関東ほど塩辛くはないが、しっかりとした味つけで、大阪とは異なる。地理的にはどのあたりで京阪の味が変わるのか、今後しらべてみたい。

いちげんさんと予約文化

はじめて京都で五月の連休をすごしたときは、晩ごはんを食べる店を探すのに苦労した。ガイドブックや雑誌で紹介されているような店はどこも満席で、かといって空いている店は、たいてい食べたあとで後悔した。

あるお好み焼き屋に入ったときのこと。周囲の店は軒並み満席なのに、その店だけは空いていた。ほかに誰も客がいない。ビールとお好み焼きを頼むと、女将さんは鉄板に火をつけ材料を入れたボウルを置いて、「おまたせしました。どうぞ」と引っ込んでしまった。焼いたものが出てくると思っていた妻とわたしは呆然。おかみさんに声をかけて、焼き方を教えてもらった。味はまあまあ。お好み焼き屋には、焼いてくれる店と自分で焼く店の二種類があること、繁忙期でも空いている店には理由があることを学んだ。

おいしそうな店はどこも満席だという話を京都の友人にすると、「京都は予約文化やからな」といわれた。東京でも予約することはあるが、それは人数が多かったり、それなりの高級店や人気店の場合だ。ところが京都では、どんな店でもまず予約が基本。居酒屋で飲んで、二軒目、三軒目に行くときも、「これから三人やけど、席、空けといて」と電話。その店の前から電話で「空いてますか」と聞くこともある。電話一本で客としての信用度がぐんと上がる。

店によっては、空席があっても「ただいま、ご予約のお客様でいっぱいです」と張り紙を出していることがある。ほんとうに予約が入っていることもあるが、予約なしの、いわゆる「ふりの客」はご遠慮くださいという意味のこともある。

京都というと「いちげんさん、お断り」が有名だが、予約文化とそれとはちょっと違う。「いちげんさん、お断り」、つまり常連客でなければ、または常連客の紹介がなければ入れないのは、祇園など花街のごく限られた店だけ。これは京都に限らず、たとえば東京でも神楽坂や銀座の料亭、会員制クラブなどは「いちげんさん、お断り」である。そういう店で遊ぶというか、飲食すると、支払いはその場ではなく、後日、番頭さんが会社に集金に来たり、請求書が届いて振り込んだりするシステムである。わたしには縁のない世界なので、いまひとつ実感がないが。

「いちげんさん、お断り」は庶民に関係のないこと、と思っていたら、先日、思わぬところで遭遇した。ある和菓子店の生菓子を食べてみたいと思い、電話をかけた。店舗をかまえず、茶会や料亭などだけに配達する店である。ところが女将は、「どなたかからのご紹介でしょうか……」。そうか、和菓子の世界にも「いちげんさん、お断り」があったのか。

金閣寺の七重塔と遺跡発掘

二〇一六年、金閣寺の境内から巨大な相輪《そうりん》の破片が発掘された。相輪とは、塔の先についているもので、破片は表面に金めっきが施された金銅製。相輪を復元すると直径二・四メートルにもなるそうで、塔の高さは一一〇メートルほどもあったという推定もあるとか。

新幹線の車窓からも見える東寺の五重塔は高さ約五五メートルだから、その倍ほどもあったことになる。ちなみに京都タワーはビル部分も含めて一三一メートル。相国《しょうこく》寺《じ》の東側にも金閣寺と同規模の七重の塔があったそうだ。

金閣寺と相国寺に塔があったという六〇〇年前は、現代のように大きなビルもなかったから、金閣寺と相国寺、そして東寺の塔は、洛中のどこからでも見えただろう。東寺の五重塔は焼失と再建をくりかえしているので、三つの塔が同時に存在した時期があったかどうかは、くわしく調べてみないとわからないが。

　金閣寺の相輪の破片は、売店などの建て替えにともなう発掘調査で出土したという。京都はいつも街のあちこちで発掘調査がおこなわれている。わたしの住まいの近くでも、府立鴨沂《おうき》高校の建て替えにともなって大規模な発掘調査があった。ここは藤原道長（九六六年～一〇二八年）が建てた法成寺《ほうじょうじ》があった場所。道長の日記、『御堂関白記』の御堂《みどう》とは、法成寺無量寿院をさす。調査では鴨川の氾濫による砂礫の堆積や、法成寺関連の瓦が出土したそうだ。

　鴨沂高校の南、かつて春日小学校だった場所では、御所東小学校建築のための発掘調査がおこなわれた。御所と鴨川の間に位置するこのあたりは、豊臣秀吉がお寺を集中させたエリア、寺町の一部。発掘で生蓮寺《しょうれんじ》と専称寺《せんしょうじ》の土塀の遺構が見つかっている。寺町は宝永の大火（一七〇八年）で燃え、多くの寺は鴨川の東に移り、寺町の跡地には公家屋敷が建った。鴨沂高校の発掘調査でも宝永の大火で焼けた建物の遺構や瓦類が見つかっている。

　一〇〇〇年のあいだ京都の人びとは、先人たちの痕跡を抹消してしまうのではなく、その上に積み重ねるようにして暮らしてきた。発掘調査では現代の表面の下にさまざまな過去があることが明らかになる。

　遺跡の発掘に参加してみたいと思ってネット検索すると、「発掘作業員募集」の情報がけっこう見つかる。埋蔵文化の発掘をする会社があるのだ。「ただし、仕事内容は非常に体力を必要とするものになりますので、体力に自信のある方を歓迎いたします」「体力に自信のない方、腰痛や関節痛を慢性的に患っている方には、難しいお仕事かと思います」と書かれている。腰痛持ちのわたしには無理かもしれない。

豊臣秀吉の御土居

雨の日ばかりが続く梅雨のある日。うっとうしいなあ、と思いながら河原町通を歩いていて、府立医大附属図書館の前を通りがかった。ふと見ると、御土居《おどい》の緑がきれいだ。少し前まではつつじが咲いていた。

植物には雨が必要だ、これは恵みの雨なのだ。そう考えれば、梅雨のうっとうしさもいくぶん軽くなるような気がする。

御土居は豊臣秀吉がつくった土塁《どるい》である。京都の中心部をぐるりと囲んでいる。ミニミニ万里の長城とでも言うべきか。もう失われてしまったところが多いけれども、この図書館前のように残っている部分もいくつかある。北野天満宮の庭や、光悦寺近くの鷹峯《たかがみね》でも御土居を見ることができる。

　豊臣秀吉という、教科書や歴史小説や大河ドラマに出てくる人物がつくったものが、現代の日常空間にあるという事実に感動する。つい竹中直人演じる秀吉が「心配ご無用！」といっている姿を思い浮かべてしまう。

　もっとも、解説プレートを読むまでは、これが御土居だとは気づかなかった。たんなる盛り上がった生け垣にしか見えない。よくぞ四〇〇年以上も残しておいたものだ、と感心する。

　昔は御土居が洛中と洛外を分ける境界線だったらしい。府立医大近くの荒神口《こうじんぐち》や、地下鉄の駅名にもなっている鞍馬口《くらまぐち》など、京都には「口」のついた場所がいくつかあるが、これは御土居に設けられた出入り口のこと。洛中と洛外はここでつながっていた。

　にぎやかな河原町通も、飲食店が並ぶ木屋町通も、いつも観光客でいっぱいの先斗《ぽんと》町《ちょう》も、この区分方法でいうと洛外ということになる。秀吉のころはどうだったのだろう。

安井金比羅と人生

「安井のこんぴらさん」について教えてくれたのは、哲学者の鷲田清一さんだった。建仁寺の東、祇園の南にあるエアポケットのような空間に、人びとの心の叫びのような絵馬が集まった神社があるというのだ。正式には安井金比羅宮《やすいこんぴらぐう》。なぜかこのあたりにはラブホテルが密集している。

「こんぴらさん」の鳥居には「悪縁を切り良縁を結ぶ祈願所」と書かれた看板が掛かっている。江戸時代の縁切寺は幕府公認で、夫と離縁したい妻が駆け込むと離婚が成立するというものだったが、安井金比羅宮はそうしたものとは違って、あくまで悪縁を切る祈願をする神社である。

境内に入って、まず目につくのが白くて巨大なかたまり。うずくまったムク犬のような形をしている。これが「縁切り縁結び碑《いし》」という碑で、もともとは絵馬の形をしているそうだ。参詣者が願いを書いた「形代《かたしろ》」があまりにも大量に貼られているため、碑の表面は見えない。

本殿に参詣し、賽銭を入れ、碑の横にある形代を取り、願い事を書く。形代を持って碑の下部にある穴を表から裏へくぐると悪縁が切れる。続いて裏から表へとくぐって良縁をむすぶ。最後に形代を碑に貼る。油性のフェルトペンとヤマト糊が備えられている。

境内には絵馬もかかっている。他人の願い事をのぞき見するのは悪いと思いつつ、ちらりと見て驚愕！　病気との悪縁を絶ちたい、不運続きの悪縁を絶ちたい、という切実な願いには同情するが、多いのは人間関係の縁切り願望なのである。「夫が愛人と縁を切りますように」など、好きな人が恋人と別れて自分を向いてくれるように願うのはまだかわいいもの。縁を切るだけでなく、夫の愛人の不幸や死まで願う強烈な絵馬には背筋が凍る。息子が妻や恋人と破局するように願う母親の絵馬は理解不能だ。

安井金比羅宮は変わった由緒をもつ。天智天皇の時代（六六八～六七一年）に藤原鎌足が創建し、藤を植えて藤寺と号したのが始まり。のちに崇徳天皇（在位一一二三～四一年）はこの寺を好んだが、保元の乱に破れて讃岐《さぬき》に流され、かの地で没する。ところがこのあと、京都では凶事が立て続けに起きる。延暦寺の強訴《ごうそ》、安元《あんげん》の大火、鹿《しし》ヶ谷《たに》の陰謀、さらには保元の乱で勝利した後白河法皇の側近たちが次々と死ぬ。これは崇徳院の怨霊のためと恐れた後白河法皇は、ここに光明院観勝寺を建立して怨霊をなぐさめようとした。その後、応仁の乱による荒廃など曲折を経て、明治維新ののちに安井神社に改称、さらに安井金比羅宮になった。

なぜ「縁切り縁結び」なのか。安井金比羅宮のサイトには「主祭神の崇徳天皇は、讃岐の金刀比羅宮で一切の欲を断ち切って参籠《おこもり》されたことから、当宮は古来より断ち物の祈願所として信仰されてきました」とある。「安井のこんぴらさん」の形代や絵馬を眺め、崇徳院や『平家物語』の世界に思いをはせると、人間とはなんと業の深い生き物なのだろうと思わずにいられない。

京都は近代建築の宝庫

京都というと寺や神社など古い日本建築がたくさん残っている都市というイメージだが、じつは明治以降の近代建築の宝庫でもある。関東大震災のような大きな地震がなかったことと、太平洋戦争中の空襲の被害も比較的小規模だったことによるのだろう（一九四五年の一月から六月にかけて、五回の空襲があった）。バブル期のいわゆる「街殺し」の影響も、東京に比べれば少なかった。戦前の建物が取り壊されずに残っている根底には、ものを大切にしてできるだけ長く使い続けようという都人の気質があるのかもしれない。

鴨川にかかる四条大橋は最も観光客が集まる場所だが、四条大橋の西側たもとにある中華料理店、東華菜館は近代建築の名作。ウィリアム・メレル・ヴォーリズが設計して一九二六年（大正一五年）に竣工した。当初は西洋料理店だったが、戦後、北京料理店となって現在に至る。ヴォーリズ唯一のレストラン建築で、四条通に面したファサードだけでなく内装もほぼ当時のままだ。現存する日本最古のエレベーターも現役で活躍中。遠くからもよく見える屋上の塔は、じつはエレベーターの昇降機を収めた機械室である。

東華菜館の鴨川と四条大橋を挟んだなため向かいにあるレストラン菊水は、一九一六年の創業。表現主義を基調にした建物は、国登録の有形文化財。その向かい側にある南座も国登録有形文化財。江戸時代のはじめから公許の芝居小屋として続き、現在の建物は一九二九年に建った。四条通を挟んで東華菜館の向かいから北に延びる狭い通りが先斗町。その奥の先斗町歌舞練場は一九二七年竣工。四条大橋の近くだけでも、たくさんの近代建築の名作が集まっている。

旧帝国京都博物館（現・京都国立博物館明治古都館）や旧日本銀行京都支店（現・京都文化博物館別館）、龍谷大学本館など、市内には国の重要文化財に指定されている近代建築がたくさんある。また、建築ウォッチングをしながら歩いていると、キリスト教関係の近代建築が多いことに気づく。同志社大学礼拝堂（重要文化財）、日本聖公会聖アグネス教会聖堂（京都市指定有形文化財）、京都ハリストス正教会生神女福音聖堂（重要文化財）、日本キリスト教団京都御幸町教会会堂（京都市指定有形文化化財）など。時代を経た赤煉瓦が古都によくなじんでいる。同志社大学や平安女学院などミッション系大学の施設もふくめると、たくさんのキリスト教関係の名建築が残っている。

新しい町は三〇〇年の歴史

わたしの家は新烏丸通《しんからすまどおり》と新椹木町通《しんさわらぎちょうどおり》のあいだにある。どちらも南北に走る道で、新烏丸通は一キロほど、新椹木町通はその半分ほどの長さしかない。一方通行の狭い道である。新烏丸通・椹木町通とは別に、烏丸通、椹木町通という道もある。

「新」のつかない烏丸通は京都のメインストリート。京都の中心部を南北に貫き、四車線の道路の下には地下鉄が走っている。箱根あたりの東海道のように、狭くてひなびた旧道に対して大型車両が激しく行き交う広い新道というイメージをいだきがちだ。

ところが烏丸通は、「新」のほうが狭くて短い。どうやら新烏丸通は烏丸通の新道という意味ではないようだ。

「新」のつかない椹木町通は丸太町通の一本北を東西に走る道で、新椹木町通は南北に走っている。そもそも烏丸通と新烏丸通、椹木町通と新椹木町通は、それぞれかなり離れている。

「新」と「旧」の関係はなんなのか。なぜ「新」がつくのか。京都に住みはじめたころは、なんとも釈然としない気持ちだった。

あるとき、鴨川の東側、地図でいうと平安神宮の南西にあたる街を散歩していて、新麩屋町通《しんふやちょうどおり》や新富小路通《しんとみのこうじどおり》があるのを発見した。新東洞院通《しんひがしのとういんどおり》も新柳馬場通《しんやなぎのばんばどおり》もある。ちょうど下御霊《しもごりょう》神社の還幸祭《かんこうさい》が近づく時期だったのだが、家々には同神社の御神《おみ》酒《き》札《ふだ》が貼られている。なぜ鴨川をはさんだこちら側に下御霊神社の氏子が集まっているのか。これも不思議だった。

「新」のつく道と下御霊神社の氏子の謎について、日本酒バー「壱《いち》」のマスターにたずねた。すると、もとは麩屋町通や富小路通に住んでいた人が、大火事にあって集団移転してつくったのが「新」のつく道が集まる街だというではないか。その人びとは下御霊神社の氏子が多かったので、移転後も引き続き同神社の氏子でありつづけている。

この大火事と集団移転、いつごろの話なのかというと、なんと宝永五年、一七〇八年の「宝永の大火」なのだという。火元は油小路通《あぶらのこうじどおり》三条上ル。北は今出川通、東は河原町通まで焼けたというから、洛中の中心部がほとんど被害にあったことになる。御所や下鴨神社まで焼けた。

大火の後、御所の整備事業計画が持ち上がった。いま御苑となっているエリアには民家もたくさんあったのだが、彼らは鴨川の東に集団移転させられた。彼らが住んだのが「新」のつく道のある街。下御霊神社は天正一八年（一五九〇年）に現在地に移転するまで、御所の西、いまの京都府庁のあたりにあったそうで、氏子もそのころからの人びと。還幸祭の神輿は府庁正門内や鴨東《おうとう》の「新」しい街も巡幸する。

よく「京都人にとって前の戦争といえば応仁の乱」というが、三〇〇年前にできた道や街が「新」しいのだから、あながち冗談ともいえない。

京町家の希少価値について

京町家がブームだ。町家を使ったホテルやゲストハウスが次々と登場している。飲食店や雑貨店、ギャラリーなどでも、京町家を改装した店が増えている。二〇一六年の一一月には祇園にエルメスのブティックが期間限定でオープン。一二月には御所の西に四季十楽という高級ホテルがオープンしている。一七年六月には、スターバックスがお座敷席もあるカフェをつくった。

京町家は伝統的な木造家屋である。街なかを散歩しているとあちこちで見かける。紅殻格子《べんがらごうし》や虫籠窓《むしこまど》、瓦屋根など、京町家の特徴はいろいろあるが、もっとも大きいのは隣家と接していることではないだろうか。構造上も登記上も「長屋」ではない。あくまで戸建てでありながら隣家との距離はゼロミリ。このため現行の建築基準法には適合しない。町家のまま建て替えることは難しい。取り壊されて駐車場になったりビルに建て替えられたり、その数は減りつつある。

新たに建てることができないので減る一方。そこで「希少価値」が生まれる。不動産業を営む知人の話では、投資用物件として購入する東京在住者もいるのだとか。もっとも、京都の人びとはその話を聞いて、「へえ」と呆れた表情である。自分で住みもしないのに家を買うなんて、ということか。京町家の賃貸物件もけっこうあって、立地にもよるが、だいたい一〇万円台前半から。東京で戸建てを借りるよりもかなり安い。

旅行サイトで検索すると、京町家を使ったホテルやゲストハウスがたくさん出てくる。安いところでは素泊まり一泊三〇〇〇円台から。高級路線では部屋ごとではなく一棟丸ごと貸す施設が多く、料金は二名で一泊、朝食のみで五万円から七万円ぐらい。

もともと京町家は、京都の中心部に暮らす庶民の、職住一体化した家屋だった。玄関を入ると広い土間があり、手工業者はここが作業場、「職」の空間である。その奥に裏庭まで続く通路兼台所（走り庭）があり、奥と二階は「住」の空間。

最近増えている京町家を使った宿泊施設や飲食店は、屋根や骨組みなどはそのままに、床や壁、水回りなどの施設を現代のものに改装した、いわゆるリノベーション物件が多い。減りつつあるとはいえ、まだたくさんの京町家が残っているのは、メンテナンスする腕のいい職人が京都にたくさんいるからだ。

間口が狭く奥行きが深い、「うなぎの寝床」になっているのも京町家の特徴。一説には、豊臣秀吉が間口の幅によって課税したことに対する節税策だったとも聞くが、本当のところはどうか。異説もあると聞く。この「うなぎの寝床」が、商空間としては思わぬ視覚的効果を上げる。狭く薄暗い玄関を入ると中が広く、その意外さに「おおっ」と声を漏らす人も少なくない。

京町家を使った飲食店では、走り庭の部分に厨房をしつらえ、土間や茶の間、寝室だったところに、カウンターやテーブル席を設けることが多い。ただし、京町家の階段はかなり急なので、上り下りには注意が必要だ。飲み過ぎたときはちょっと怖い。

わたしが住んでいるのも京町家を改装した家だ。二〇一〇年に購入したとき、築年数は不明だった。何度も改築の跡があり、外壁はモルタルが塗られ、鉄骨で補強されたガレージもあった。改装のために床や壁を剝がしてみると、かつての走り庭や「おくどさん（かまど）」の跡、すすけた土壁などが出てきた。梁《はり》には明治肆拾参年睦月吉日と墨書。つまり明治四三年一月。入手したときがちょうど築一〇〇年の建物だったのである。

人気の京町家だが、住むにはそれなりの覚悟が必要だ。昔は夏の蒸し暑さをいかにしのぐかが最優先課題だったようで、防寒対策はいまひとつ。冬はとにかく冷え込む。わが家ではエアコンをつけていてもダウンベストが欠かせない。北海道でもめったに経験しない、あかぎれ・しもやけにもなった。

ホテルが足りない

「ほんと、京都はホテルが足りませんね」と、東京の大学で教える知人がぼやいている。市内で行われる学会が近づいているのに部屋が見つからない。旅行代理店に相談すると、返ってきたのは「滋賀県か兵庫県なら」との回答。学会の会場への移動もあるし、「せっかく京都に行くのに、京都に泊まれないなんて」と彼はいう。ネットで探し、なんとか市内のビジネスホテルを確保することができたそうだ。

二〇一六年の京都市内の平均客室稼働率は、シティホテルで九〇%前後、ビジネスホテルでも八〇%以上だという。これはほとんど満室に近い数字だ。

「ホテル探しが大変になっただけじゃない。宿泊料金も上がっている」と、編集者をしている友人はいう。ほんの数年前まで、オフシーズンや曜日による割引などをうまく使えば、高級シティホテルでもけっこう安く泊まれたものだ。ところが最近は、いつでも正規料金のところが増えているという。

わたしたち夫婦が京都市内で古い町家を入手したのが二〇一〇年の春。リノベーションして入居するまでの一年間、何度も京都に通ったが、ホテルを見つけられなくて困ったことはない。ホテル不足が深刻になったのは、二〇一五年ごろからのことだろう。原因は円安その他で外国からの観光客が増えたことと、国内からの観光客も増えていること。来訪者は増えているのに、泊まるところが足りないとは……。

ホテル不足の受け皿として民泊を、という人もいるが、地元の人は歓迎していない。下京の下町に住む知人は「近所に民泊ができて不安だ」と話す。

「見かけない人が大きなトランク引いて、隣のマンションに入っていかはるようになったんや。べつに何がということもないけど、あんまりええ感じやないね」と知人。住宅や小さな個人商店が並ぶ下町は、互いに顔見知りのコミュニティーができている。観光客が足を踏み入れることもほとんどない。そこに寝泊まりするだけの人が出入りすると、不安を感じ、警戒心が起きるのも無理はない。

こうした声もあって、京都市は一六年四月、「民泊の利用及び提供に当たって」という市民へのお知らせを配布した。そこには〈自宅の一部を提供する場合であっても、「宿泊料とみなすことができる対価を得て人を宿泊させる業を営む場合」には、旅館業法第三条に基づく許可を受けるか、住宅宿泊事業法第三条に基づく届出をする必要があります〉と記されている。民泊でビジネスをしようと考えていた人には残念なニュースかもしれない。

新しいホテルも次々と開業している。ホテルフジタ京都の跡にできたザ・リッツ・カールトン京都（一四年開業）が話題になったが、寺町通新京極通の三条にホテルグレイスリー京都三条が、御池大橋のたもとにはソラリア西鉄ホテル京都プレミア三条鴨川ができた。そのほか「こんなところにも」と思う場所で、小規模なホテル建設が続く。それでも「まだまだ焼け石に水」と事情通はいうのだが……。

文庫化にあたっての補注：その後、市内や郊外にホテルが次々と開業。それも一泊数十万円の超々高級ホテルから、かなりお安いホテルまで多種多様だ。外資系も多い。

散歩していると「えっ、こんなところにも！」と驚くような場所にホテルが出現していてびっくりする。

京都は高い？

「expensive（イクスペンシブ）！」

お寺などを拝観していて、しばしば耳にする言葉である。つぶやくように、ときには叫ぶように。外国からと思われる観光客が、「高い！」と驚いているのだ。「高い！」というのは、拝観料のこと。京都では拝観料を払わなければ入れないお寺が多い。境内には入れるけれども、建物の中や庭、宝物館などは有料というところもある。また、紅葉シーズンなど特別なときは拝観料がさらに高くなるところも。

拝観料は大人・個人で一人五〇〇円（金閣寺、清水寺など）から六〇〇円（永観堂、高台寺、三十三間堂など）というところが多く、もちろんそれ以下のお寺もそれ以上のお寺も、そして無料のお寺もある。仮に二人でいくつかのお寺に続けてお参りしようとすると、拝観料だけで数千円。「特別公開」等のときは、さらに追加料金が必要になることも多く、思わず「高い！」と言いたくなる気持ちもわかる。

しかも、拝観料を払ってお寺に入っても、展示物にしっかりした解説があるとは限らず、国宝や重要文化財は美術館に預けられていて展示されているのは複製だけ、なんていうことさえある。

以前、卒業旅行に京都を訪れた甥《おい》は、お寺を避けて神社を中心に見て回っていた。「どうして？」と聞くと、「たいていの神社は拝観料がいらないから」という。なるほど。伏見稲荷、八坂神社、石清水八幡宮、上賀茂神社・下鴨神社、晴明神社など、有名な神社だけでもたくさんあり、「わざわざお金を払ってお寺を見なくても」という彼らの気分もわかる。平安神宮や北野天満宮などの神苑・梅苑は入場料が必要だが、広い境内は自由に見て歩くことができる。

もっとも、お寺からは苦しい事情も伝わってくる。京都のお寺は、檀家を持たない、あるいはごく少数の檀家しかいないお寺も多く、施設や宝物の維持には苦労している。施設を公開するには管理する人も必要になるし、訪れる人が多ければ定期的な修理も必要だ。数百円の拝観料ではとても足りないというのは本音だろう。

氏子の寄付や結婚式等の収入があるといわれる神社も、けっして楽ではないようだ。梨木《なしのき》神社や下鴨神社が敷地の一部にマンションを建設した背景にはお金の問題がある。

国も府も市も、観光に力を入れていこう、もっと外国からの観光客を呼び込もう、と考えているならば、観光資源であるお寺や神社への積極的な支援をしていくべきだ。もちろん各施設での「見せ方」には一層の充実が求められる。

宮内庁は二〇一六年の七月から京都御所を通年公開していて、手続き不要で自由に参観できるようになった（仙洞《せんとう》御所と桂離宮、修学院離宮は、これまで通り申し込みが必要）。御所も離宮も参観は無料。

ところが、仙洞御所の隣にある京都迎賓館は、公開期間限定の上、しかもガイド付の参観料金が二〇〇〇円（自由参観方式は一五〇〇円）。まさに「イクスペンシブ！」。同じ国の施設なのになぜ？　と思うが、御所や離宮が宮内庁の管轄であるのに対して、京都迎賓館は内閣府の所轄。「応益負担」という考え方のようだが、公のものはみんなのもの、すでに建設や維持管理にはわたしたちの税金が使われているのでは？

アメリカの大手旅行誌「トラベル＋レジャー」が毎年行っている人気観光都市ランキングがある。大きな影響力を持つといわれる同ランキングで、京都市は一四年、一五年と二年連続で一位だった。ところが一六年版では六位に転落。「イクスペンシブ！」も、その原因のひとつではないかと思うのだが……。

文庫化にあたっての補注：円安になってからは「イクスペンシブ！」の声は聞かなくなった。ただ、入場料無料の施設を使ったり、食品をスーパーマーケットで買うなど、外国からの観光客はあまりお金を使わずに旅を楽しんでいる人が多いと感じる。

第五章　京都の四季の時の時

一月　中年になると梅が好きになった

二〇代、三〇代のころは桜が好きで、桜の季節が近づくとうきうきしていた。花見でひと騒ぎするのも楽しかった。ところが中年になると、梅のほうが好ましく感じられるようになってきた。なぜだろう。

奈良時代は桜よりも梅に人気があったとも聞く。万葉集に歌われている数では、ダブルスコアで梅のほうが多い。もっとも、新古今和歌集では桜のほうが梅よりも圧倒的に多くなるから、桜人気は平安初期からか。もっとも、現代人は桜というと染井吉野を思い浮かべるが、あれは徳川時代の末に作られた品種。昔の人が愛したのは山桜や八重桜だったのだろう。

ぱっと咲いて、あっという間に散ってしまう桜と違って、梅の開花時期は意外と長い。京都市内では一月の上旬から咲き始める木があり、三月の下旬ごろまであちこちで見ることができる。

観光客には桜が人気の京都だが、市内には梅の名所も多い。菅原道真公ゆかりの北野天満宮（天神さん）をはじめ、京都御苑（御所）や二条城、府立植物園など。嵐山の近くにはその名も梅宮《うめのみや》大社という神社もある。そのほか、小さな神社や公園、個人の庭など、あちこちで梅が咲いている。この時期の散歩は楽しい。

桜の季節は紅葉や祇園祭と並んで観光シーズンのピークとなる。ホテルは取りにくくなり、祇園や先斗町あたりには値段をやや高めにする飲食店もある。ところが桜の開花時期は年によってけっこう違う。何か月も前からホテルを予約して京都に来たのに、桜はまだだった、なんていうこともあるだろう。そこへいくと梅は咲いている時期が長いし、ホテルも桜の季節ほどは混まない。梅派のわたしとしては、この季節の京都を強く推したい。

夕方、御苑の梅の木を眺めていたら、たくさんの小鳥が集まってきた。どうやらウグイスらしい。いや、もしかするとメジロか。鳥をよく知らないのが悲しい。花の蜜を吸っているのだろうか。白梅よりも紅梅のほうが人気があるようだ。こんどは双眼鏡を持ってこよう。

朝、下御霊神社の梅の木を眺めると、やはりウグイスらしき鳥が何羽も来ていた。日の高い時間にはあまり見かけないから、たぶん早朝と日没前が彼らの食事時間なのだろう。

三月の下旬、気温の高い日が続くと、梅は一気に花びらを広げる。その後の雨で花が散っていく。雨の翌朝、下御霊神社に行くと、地面に落ちた花びらが雨に流され模様を描いていた。咲いている梅もいいけれども、散った梅もなかなか風情がある。

三月　春はたけのこ

三月の第三週、寺町通のアーケードを歩いていると、たけのこが売られていた。その朝にとりたてのたけのこが籠に盛られているのだ。おいしそうだ。デパートの食品売り場にもたけのこが並びはじめた。まだ朝晩は寒いが、春になったのだと実感する。

わたしが生まれ育った北海道には竹林がない。南部の函館あたりが孟宗竹《もうそうちく》の北限。わたしが育った旭川市は北海道のほぼ中央部にあり、孟宗竹は生えない。子供のころに食べたたけのこは、細い「ねまがりだけ」だった。孟宗竹のたけのこは、加工済みのものしか食べたことがなかった。今でこそねまがりだけの美味さがわかるが、子供のころはニセモノを食べさせられているようで、生の孟宗竹にあこがれた。

東京でもたけのこを食べられるが、京都のたけのこは格別だ。「京たけのこ」と呼ばれ、色が白くて柔らかく、おいしい。

京都府のサイトには、「約一二〇〇年前の弘仁年間（八一〇〜八二三年）に長岡郡海印字寂照院の開祖道雄上人が唐から持ち帰ったとされています」と書かれている。そうか、日本のたけのこのルーツは京都だったのか。

たけのこ掘りはなかなか難しいものらしい。以前、宇宙飛行士の秋山豊寛さんにコツをうかがった。秋山さんはTBSの記者時代、日本人初の宇宙飛行士として宇宙ステーション・ミールに滞在。TBSを退社後、福島県で農業をしていたが東電の原発事故で椎茸づくりができなくなった。その後、京都に移住し、京都造形芸術大学（現・京都芸術大学）で学生たちに農業を教えていた。

秋山さんによると、地面から顔を出しているたけのこはもう硬いので、顔を出すか出さないかぎりぎりのところで掘らなければならない。夜明けに地表を注意深く観察して、わずかな変化を見つけるのだそうだ。

京都には安くておいしい中華料理店がたくさんあって、どの店も春巻きが絶品。京都の春巻きは細く切ったたけのこと卵をたっぷり使っているのが特徴だ。

市内には竹材専門店がいくつもあり、郊外には美しい竹林が広がる。嵐山、天龍寺ちかくの竹林を歩くのは気持ちがいいし、秀吉の妻、ねねのお寺、高台寺の斜面にも竹林がある。エジソンが白熱灯に石清水八幡宮の竹を使ったのもよく知られている話。京都は竹の街でもある。

五月　葵祭

五月一五日は葵祭。祇園祭、時代祭とともに、京都三大祭のひとつ。

ある年の葵祭の前夜、祇園の割烹で食事をしていると、隣の席のご夫婦は、葵祭見物のために札幌から来た、と話していた。昼間はときどき雨が降っていたので心配だったが、一五日は朝からきれいに晴れていた。

夏のように強い日差しが照りつけるなかを、十二単の斎王代はじめ、王朝の装束を着た人びとがゆっくりと進んでいく。騎馬や御所車なども進んでいく。御所の建礼門を一〇時半に出発し、丸太町通から河原町通を北上、下鴨神社に一一時四〇分到着。一四時二〇分に下鴨神社を出発し、下鴨本通から北大路通を進み、御薗橋《みそのばし》を渡って上賀茂神社へと至る。道路の反対側車線はいつもと同じくバスをはじめクルマが走っていて、ちょっとシュールな光景でもある。

ある年は馬が暴れて落ちた人がいてヒヤリとした。乱れた装束をととのえてふたたび馬にまたがったときは、沿道から拍手が起きた。

堺町御門の前で行列を見ていると、まわりからいろんな言葉が聞こえてくる。京言葉だけでなく北関東や北陸の言葉。中国語、韓国語、英語、ドイツ語、フランス語。世界中の人が見に来ている。

葵祭は賀茂神社（上賀茂神社＝賀茂別雷《かもわけいかづち》神社と下鴨神社＝賀茂御祖《かもみおや》神社）のお祭りで、その起源は平安京が開かれるよりも前にさかのぼるのだそうだ。京都三大祭のなかでもっとも古い。葵祭というと五月一五日の行列（路頭の儀）に注目が集まるが、それだけではない。五月一日の競馬足汰《くらべうまあしぞろえ》式や三日の流鏑馬《やぶさめ》、一二日昼の御蔭《みかげ》祭（下鴨神社）と夜の御阿礼《みあれ》神事（上賀茂神社）など、さまざまな儀式が行われる。

祇園祭もそうだが、葵祭は京都の人びとの日常のなかに深く根を下ろしている。路頭の儀に加わったことがある人はその思い出を熱く語るし、今年の斎王代は誰が選ばれるだろうかと春ごろから噂する。

わたしが聞いた話によると、斎王代に選ばれると、その支度の費用は二〇〇〇万円にもなるのだそうだ。「いや、三〇〇〇万円はかかるやろ」という人もいる。たとえば十二単をつくらなければならないし、身の回りの世話をしてくれる人にお礼もしなければいけない。また、友人・知人、取引先のお嬢さんなどが斎王代に選ばれれば、それなりのお祝いも包まなければならない。京都の経済はお祭りで動いている。

五月　新緑の昼床が気持ちいい

五月から九月までの五か月間、鴨川に川床（納涼床）が出る。鴨川の右岸（西側）、二条大橋の南から五条大橋の北までの飲食店が、川べりにはり出した床で食事を提供する。床がかかるのは、正確には鴨川ではなく、鴨川本流の脇を流れる「禊川《みそぎ》」。川をまたぐように高床式の席が特設される。五か月間のうち五月と九月だけは、昼も川床の営業がある。六月から八月まで昼の営業がないのは、食中毒防止のためだといわれる。まあ、蒸し暑い京都の夏、風も吹かないなか日差しを浴びてご飯を食べようという気持ちにはならないけれど。

この五月の昼床《ひるゆか》が気持ちいい。東山の新緑を眺め、鴨川で魚を探す鷺《さぎ》を目で追いながら、ビールを飲む。

気持ちよく晴れた日、川床でお昼ごはんを食べた。

半袖でも暑いくらいの天気だったが、ときおり涼しい風が吹く。まだ夏ほどの湿気もなく、じつに快適だ。簾《すだれ》の日除けがあるので、直射日光は当たらない。それでも、帽子はかぶっていたほうがよさそうだ。日焼け止めクリームとサングラスも。

向こうの席から、「川床は五月の昼が一番や」と話す声が聞こえてきた。同感。川床は厳しい夏の暑さをしのぐための知恵だが、七月、八月の夜は、いくら川の上とはいっても、やっぱり暑い。かといって五月の朝晩はけっこう冷えるので、夜だと寒いくらいの日もある。五月の昼が最も快適なのである。加えて、夜は高価なコースメニューばかりの高級店も、昼は比較的安い弁当やセットを用意している。

床席からは、川べりを歩く人びとがよく見える。上半身裸になってジョギングする人。寝ころんで甲羅干《こうらぼ》しする人。なかには自撮り棒につけたスマホで自分を撮影しながら自転車に乗る器用な人もいる。

対岸の南座や清水寺、比叡山のあたりまで広く見渡せるのも、昼床のいいところだ。

五月　蛍の舞う夜

五月の京都は日によって真夏日になることもある。だがやはりまだ五月、日が落ちると急に涼しくなる。半袖ではちょっと寒い。

五月の末、祇園の割烹で晩ごはんを食べた後、白川に沿って散歩した。花見小路、東大路と、大きな道を渡るたびに、人影が少なくなっていく。人影は少ないが、クルマはしょっちゅう通る。東大路から三条通への抜け道にしているタクシーが多いのだ。クルマに気をつけつつ、川べりの草むらに注意を向けながらゆっくり歩く。そろそろ蛍が出てくる季節だ。

京都の街なかでも蛍が見られる。そう教えてくれたのは、八坂神社の近くにある中華料理店の女将だった。観光客の多い京都の飲食店は、いちげんの客でも気さくに話しかけてくれる。どういう話の流れからだったか、蛍の話題になった。さっそくその足で白川の川べりを歩いた。

残念ながら、そのときは蛍を見ることができなかった。時間帯がまだ早かったのか、それとも前日の雨で流されてしまったのか。

翌年は事前に情報を集めた。といっても、もっぱら晩ごはんのとき、店の人に、蛍がよく見られる場所や時間帯について訊くだけなのだけれども。

はじめて見た京都の蛍は見事だった。三条通から北にちょっと入ったところに蛍が集まるスポットがある。三条通は旧東海道で交通量も多い。それにもかかわらず蛍が飛び交っている。けなげだ。草むらのなかで小さく光ったり、川面をすーっと飛んでいったり。まるで夢の中にいるようだ。いくら見ていても飽きない。

白川にかかる橋から川面を眺めていると、シルバーカーを押した老婦人がやってきて、隣で川面を眺めている。こんなに素晴らしい光景なのに、見ているのはほんの数人しかいない。

その後、日本酒バー「壱」のマスターが「わざわざ白川までいかんでも、お宅の近所でいくらでも見られますよ」と教えてくれた。半信半疑でその場所に行ってみると、たくさんの蛍が乱舞していた。わが家から徒歩五分のところに蛍の楽園があったとは！　そのことに何年も気づかなかったとは！　やっぱり京都は奥が深い。

五月　藤を見に行く

京都の街を散歩する楽しみのひとつは、民家の外壁や玄関脇に置かれた鉢植えを愛でること。浅草や向島、月島など、東京の下町を歩くのと似ている。

よそさまのお宅のものだから、あまりジロジロとは見ない。ちょっと足を止めて、少し匂いをかいだりして、さっと通りすぎる。その家の人と目が合ったら黙礼。「きれいに咲いていますね」「みごとですね」と声をかける。

近所に外壁で藤を育てているお宅がある。壁面がすっかり隠れてしまうくらい繁っている。春は少し遠回りしてそのお宅の前を通る。藤が咲いているからだ。

違う路地には、もうすこし小規模ながら、やはり壁面で藤を育てているお宅もある。これも可愛らしい。

京都の藤の名所といえば、宇治の平等院と鳥羽の城南宮《じょうなんぐう》が有名だが、観光客にあまり知られていない穴場がある。鳥羽の下水処理場、京都市上下水道局の鳥羽水環境保全センターである。なぜ穴場かというと、ふだんは一般公開されていないから。毎年、藤の季節だけ一般公開される。地下鉄の中吊りなどでも告知されるので、京都市民にはおなじみだ。

なお、南禅寺近くの蹴上《けあげ》にある浄水場はつつじで有名で、「蹴上のつつじ、鳥羽の藤」などともいう。こちらも四月の末ごろに期間限定公開。

鳥羽水環境保全センターが公開される日は、京都駅八条口の前から直行バスが運行。大変な人気で、バスを待つ人の列が地下道にまで延びるほど。満員のバスはネギ畑の間を進んでいく。ネギを眺めて「そうか、これが九条葱か」と思う。

水環境保全センターの藤棚は全長一二〇メートルも続く。その下を歩いていると夢心地になる。家族連れが多く、記念撮影したり、ベンチに腰かけて藤を見上げたりしていた。帰りのバスもやはり満員。遊び疲れたのだろう、おばあちゃんの膝の上で眠ってしまう子もいる。

文庫化にあたっての補注：コロナ禍で「鳥羽の藤」と「蹴上のつつじ」は二〇二〇年から二三年まで中止。再開された二〇二四年、鳥羽への直行バスは、地下鉄・近鉄の竹田駅から。

五〜九月　夏はやっぱり納涼床

「毎年行っているから、もう今年は行かなくてもいいかな」

鴨川の納涼床について、夏のはじめには妻とそう話していたはずだ。でも、床が始まり、河原を散歩するたびに視界に入ると、体のどこかがむずむずしてくる。気温が上がるにつれて、「やっぱり行こうよ、今年も床に」ということになった。

五月から九月まで、二条から五条までの鴨川右岸に納涼床が出る。地元の人は、たんに「床《ゆか》」と呼ぶ。なお、貴船では「川床《かわどこ》」だ。

京都の夏は、日が暮れても蒸し暑い。風もほとんどない。温度だけをいうなら、冷房を効かせた室内のほうがはるかに涼しい。だけど、床に座って、あるかないかわからないようなかすかな風に吹かれて飲むビールはおいしい。「やっぱり来てよかったね」と妻はいう。

納涼床というと観光客でいっぱいだろうと思っている人も多いようだ。東京で、「地元の人は行かないんでしょ？」と聞かれたこともある。だが、その日、わたしたちが食事した韓国料理店「こみょん」は、ほとんどが地元客だった。

どうして地元客だとわかる？　皆さんビールやマッコリをがんがん飲み、なおかつオープンエアなので、つい声が大きくなる。聞こえてくる言葉のイントネーションや会話の内容から、地元の人だと推定したのである。

鴨川の納涼床は九〇軒以上もの店が並ぶ。料理も和洋中さまざま。客層もお店によってさまざま。もちろん値段もさまざま。観光客ばかりの店もあれば、地元客の多い店もある。また、スターバックス コーヒーの三条大橋店のように、床を出しているカフェもある。

まだ明るいうちから食べ始めて、空の色が変わるのを眺めるのがいい。帰りは少し遠回りして左岸（東側）から床を見る。川面に店の明かりが反射してきれいだ。もう少し涼しくなったら、また床で一杯やりたい。

なお、その後、こみょんは閉店。代わってバッキー井上さんの百練《ひゃくれん》の二号店が入った。

六月　水無月と夏越祓

六月下旬の朝、下御霊神社に行くと、茅《ち》の輪が出ていた。そうか、もう夏越祓《なごしのはらえ》の季節になったのか、と気づいた。今年も半分が過ぎようとしている。「まだ半年ある」と思うか、「もう半年しかない」と思うか。

茅の輪は茅《ちがや》を束ねて作った大きな輪で、これをくぐると半年間の病と穢《けが》れが落とされるといわれる。残り半年分の病と穢れは大晦日に落とす。もちろん茅の輪は京都だけのものではない。

茅の輪のくぐりかたは神社によって決まっている。たいていは8の字を横にしたように、あるいは無限大記号のようにして三度輪をくぐる。まず正面からくぐって左に回って正面に戻り、もういちど正面からくぐって、今度は右に回り、さらに正面からくぐって左に回る。それから拝殿にお参りする。神社によっては二度くぐるところもあるし、8の字を描けないような茅の輪の設置をしている神社もある。

られている。

夏越祓といえば、欠かせないのが和菓子の水無月《みなづき》である。三角形のういろうの上に、小豆が載っている。白くて三角形のういろうは氷をあらわし、暑気払いの意味が込められている。

以前、研究家に聞いた話によると、昔の貴族は氷室《ひむろ》に氷を保存しておき、旧暦六月一日に食べたのだそうだ。庶民は夏に氷など手に入らないので、三角形のういろうで気分だけ味わった。旧暦の六月一日は新暦の六月末ごろから七月上旬に該当する。夏の盛りだ。暑かっただろう。

研究家の話では、ういろうの上の小豆には魔除けの意味があるのだとか。色が赤いからとか、煮崩れしにくいからとか、理由には諸説あるようだが、中国や朝鮮半島でも同じような言い伝えがあるという。

六月の京菓子の代名詞ともいえる水無月だが、和菓子店によって少しずつ違う。小豆をぱらぱらと載せた店もあれば、ぎっしりたっぷり載せた店もある。小豆も大粒の大納言から、小粒の少納言までさまざま。また、抹茶を練り込んだういろうにウグイス豆を載せたり、黒糖を入れて茶色にしたういろうの水無月もある。

茅の輪くぐりをして、水無月を食べて、いよいよ祇園祭の七月を迎える。

七月　祇園祭　宵山

七月、京都は祇園祭一色となる。街のどこを歩いていても、コンチキコンチキと祇園囃子《ばやし》が聞こえてくる。クライマックスは山鉾巡行。長刀鉾《なぎなたほこ》など大きな山車が市内を回る。一七日が前祭《さきまつり》、二四日が後祭《あとまつり》。山鉾巡行の三日前、一四日と二一日から宵山《よいやま》が始まる。それぞれの町内に山鉾が置かれ、山鉾のご神体や飾り付けが披露される。夜になると提灯がともり、お囃子も出る。前祭の前夜は烏丸通と四条通の一部が歩行者天国になり、露店も並んでたいへんなにぎわいだ。提灯は山鉾によってデザインが違うし、粽《ちまき》を売る子供たちは独特の節回しで「どうどすかー」と客を呼ぶ。

たいへん風情のあるお祭りなのだが、うまく見て回らないと時間切れ、体力切れとなる。そこで二〇一五年の祇園祭は、じっくり見るために作戦を練った。

まずは一五日の宵山二日目。まだ明るいうちに前祭で巡行する山鉾を拝見して回った。台風が近づいていて、一六日は雨の予報が出ていたから、この日に見ておきたかったのだ。狭い道路の真ん中に鎮座する大きな山鉾は迫力がある。この大きな山鉾を、周囲の家屋にぶつからず、あちこちに張られた電線にも引っかからず、巡行していくのはどんなに大変なことか。菊水鉾で粽を購入し、鉾に上らせてもらった。

すさまじい暑さだ。三時間半かけて九基の鉾と一四基の山をすべて見終わったときにはヘトヘト。夕方になると四条烏丸あたりに、人がどんどん集まってきた。警察による交通整理もはじまった。でもまだ日没までには時間がある。近くのビアホールに入った。汗で水分が抜けた全身に、ビールが吸収されていく。

ビアホールを出ると、四条通も烏丸通も人で埋まっていた。左側通行で人びとがゆっくり進んでいく。わたしと同じく、もっと混雑するだろう明日を避けて今日のうちに拝見しようと考えた人が多いのだろうか。提灯がともり、鉾に乗ったお囃子がコンチキコンチキと奏でる。夕焼けの空に月鉾や長刀鉾の先端が輝いて美しい。山鉾巡行だけが祇園祭ではない、と実感する。

天気予報を見ると、台風は進路を変えずに近づいている。京都は暴風雨に見舞われるかもしれない。それも巡行が実施される午前九時から一一時ぐらいがピークになりそうだというのだけれども……。

七月　祇園祭前祭

二〇一五年の祇園祭前祭は台風一一号が近づいていた。山鉾巡行を行うかどうかは、午前五時三〇分に発表される。わたしは五時に起きて外に出てみた。小雨が降っている。天気予報によると近畿地方はかなりの雨になりそうだ。半分あきらめ気分で発表を待つ。すると予定通りに行うという。あわてて近所のコンビニに走り、ビニールの雨合羽を購入した。

午前一〇時すぎ、河原町御池の交差点に着くと、もう観客がたくさん集まっている。傘を差した人、雨合羽を着た人。この天気とあって、例年よりも観客は少ないようだ。一〇時半を回ったころ、「先頭の長刀鉾は三条まで来ています」というアナウンスがあった。雨の中、長刀鉾がゆっくりと進んでくる。「いつもより、慎重やねえ」という声が聞こえてくる。扇子を持った音頭取や鉾を曳く曳子、車方はもちろん、お囃子を奏でる囃子方もずぶ濡れになっている。

御神体や飾り幕を透明なビニールシートで覆った山鉾も多い。重要有形民俗文化財の指定を受けた貴重なものが多いからしかたない。

河原町通を北上してきた行列は進路を九〇度変えて、御池通を西に進む。鉾の進路を変える辻回しは山鉾巡行のクライマックスのひとつだ。鉾の車輪は直進しかできないので、引っぱって進行方向を変える。四つの車輪のうち一つの車輪を固定し、残り三つの車輪の下に竹の板を敷いて、曳子が引っぱって転回する。大きな鉾はかなりの重量だし、背も高くて重心も高い。少しでも間違えると横転してしまいそうだ。鉾の屋根に乗った人は、身体に巻いた命綱を念入りに確かめている。過去には転落して亡くなった人もいるという。観客も固唾《かたず》を呑んで見守る。一気に転回するのではなく、少しずつ何度かに分けて回す。無事に辻回しが終わり、鉾が西を向くと観客からは大きな拍手が起きる。

この日は正午が近づくにつれて雨はどんどん強くなっていった。曳子や囃子方もずぶ濡れだが、観客も警備関係者もみんなずぶ濡れになっている。雨の中、しずしずと進む山鉾は迫力もあり、神々しくもある。最後の船鉾が辻回しを終えて、御池通を西に進んでいくのを見送った。

唯一残念だったのは、蟷螂山《とうろうやま》の御神体、からくり仕掛けのカマキリが雨のため見られなかったこと。宵山二日目で会所にいったときもカマキリは羽を閉じていて、「羽は巡行の時に開きますからね」と言われて楽しみにしていたのだ。来年のお楽しみということにしよう。

七月　祇園祭の後祭

　祇園祭の山鉾巡行は、もともと一七日の前祭《さきまつり》と二四日の後祭《あとまつり》の二部構成だった。ところが一九六六年から一七日の一日だけに統合されてしまった。それを二〇一四年、元のかたちに戻した。

　後祭は「あとのまつり」という言葉の語源になったという説もあるほどで、にぎやかな前祭とは対照的にしっとり静かな祭りだったという。復活した二〇一四年もそうだった。

　七月二一日、宵山初日の昼間、わたしはそれぞれの山鉾《やまほこ》を見て歩いた。夏休みが始まったばかりの連休最終日、どの山鉾の会所にも親子連れの長い行列ができている。以前から粽がほしいと思っていたわたしは、迷った末に黒主山の粽をいただいた。泥棒よけの御利益があるそうだ。

　二三日の宵山は提灯の明かりが見たくて、晩ごはんを食べてから出かけた。「後祭は露店もなく、静かなお祭りになりますよ」と聞いていたけれども、見物客は多い。四九年ぶりに復活したとあって、注目度が高いのだ。露店は出ていないけれども、山鉾のある通りの飲食店では、店の前の路面でビールやジュース、かき氷などを売るところも多い。「静か」といっても、東京の住まいの近所のお祭りよりもにぎやかだ。

とくに一五〇年ぶりに復元・復活となった大船鉾《おおふねほこ》の人気はすごい。鉾が置かれた新道通は見物客で埋まっている。車が入れないのはもちろん、歩行も一方通行。交通整理をする警察官が「一時間は並びます」というので、わたしは四条通から拝見するだけにして退散した。

いよいよ山鉾巡行の二四日。わたしは御池通と寺町通の交差点近くで見物した。きれいに飾りつけられた九基の山と一基の鉾は、宵山で見たときよりもはるかに大きく感じられる。コンチキチンの囃子とともにゆっくりと進む姿は壮観だ。まだ高いビルがなかった時代の人びとは、どんな気持ちで巡行を見つめたのだろう。

七月　粽は食べられない

祇園祭で買った粽を玄関につけた。その山鉾や粽の由来などが印刷された紙袋を開けると、粽はビニール袋に入っている。そのまま玄関に吊すべきか、それともビニール袋から出すべきか、大いに悩んだが、ビニール袋から出して吊すことにした。御利益があるよう、玄関を出入りするとき、ちょうどその真下を通るように吊す。

よそさまの粽も気になってきた。自分で買うまで粽なんてどれも似たようなものだと思っていたのだが、山鉾によってそれぞれ違いがあることに気がついた。散歩していても、粽を見つけるとつい足を止めて眺めてしまう。なかには二つ、三つの粽をつけているお宅もある。ビニール袋のままつけているお宅と、わが家のように出してつけているお宅の比率は五〇対五〇ぐらいか。

祇園祭は七月の丸一か月間つづくが、粽が販売されるのは宵山の三日間だけだ。京都に住みはじめた最初の年はそうと知らず、一か月間いつでも手に入るものと思っていて買い逃し、くやしい思いをした。

宵山見物をしていると、それぞれの山鉾の会所で子供たちが「粽はどうどすかー」と売っている。山鉾のある町内の人からいただく人もいる。昔は山鉾から撒いていたそうだが、観光客が増えた今やるとパニックになるだろう。

粽を買った観光客が笹の葉を剝いて、「中身が入ってないぞ」と怒った、という話を聞いたことがあるが、ほんとうだろうか。「食べられる粽はどうどすかー」と売っている山鉾もある。

粽はもともと茅を巻いた護符の「茅巻《ちまき》」だったそうだ。それが同じ音の「粽」になった。端午《たんご》の節句に食べる粽や中華料理の粽とは違う。

伝説によると、祇園社の主祭神、牛頭天王《ごずてんのう》が旅人に身をやつし、蘇民将来《そみんしょうらい》という貧しい男の家に泊めてもらった。もてなしに喜んだ牛頭天王が、お前の子孫を守ってやるから目印に茅の輪をつけなさいといった。それが粽の始まりだそうだ。六月の末、各神社に出る茅の輪くぐりと同じルーツだ。茅の輪のついた粽の山鉾もある。

いちばんメジャーなのは長刀鉾の粽。わたしが観察したところ、この粽を下げている家がいちばん多い。新撰組の羽織みたいな鋸《のこぎり》の歯模様の紙に「長刀鉾」と書いてあるだけ。シンプルだが風格がある。蟷螂山の粽はゴージャス。榊と金色の折り紙でつくったカマキリ、そして白い御幣《ごへい》がついている。役行者山《えんのぎょうじゃやま》は真っ赤な札に黒々と「役行者山」と書かれている。わたしが買った黒主山の粽は、桜の花がついてエレガント。値段はだいたい一〇〇〇円から一五〇〇円ぐらいだ。

御利益も粽によって違う。役行者山は疫病よけ・交通安全・安産。菊水鉾は不老長寿・商売繁盛。鯉山は立身出世・開運・家内安全。黒主山は泥棒よけ・悪事よけ。どの粽も厄よけ全般の御利益があるそうだ。芦刈山は夫婦仲が良くなるらしい。

ちなみに、食べられる粽では川端道喜《かわばたどうき》の粽が有名。川端道喜は一五〇三年、室町時代の創業で、宮中に粽を納める御粽司である。五本で三九〇〇円という値段なので、買うのには勇気がいる。

八月　京都のセミは強烈

梅雨あけとともに、セミの声が激しくなった。

交差点で信号が変わるのを待っていると、携帯電話を高く掲げている人がいた。その人は携帯電話を耳に持っていくと、「聞こえた？　セミが鳴いているんだよ。京都のセミはこんなふうに鳴くんだ」と話し始めた。携帯電話を掲げていたのは、電話の向こうの誰かに、セミの声を伝えるためだったのだ。たぶん観光客なのだろう。伝えたくなる気持ちはよくわかる。

京都で驚いたことのひとつがセミの声だ。初めて聞いたとき、その声の主がセミだと思わなかった。東京のそれとはずいぶん違うからだ。東京では「ミーンミンミンミーン」と鳴くミンミンゼミが多い。ところが京都の街中で聞こえるのは「シュワシュワシュワー」という声。調べてみると、クマゼミらしい。慣れないころは「シュワ」という声が滑稽に感じて、つい笑い出したくなった。なんだかくすぐったくなるような声なのだ。

朝、下御霊神社にお水をいただきにいくと、セミが一斉に鳴きはじめる瞬間に遭遇することがある。それまで静かだったのに、「シュワシュワシュワー」と始まる。蟬《せみ》時雨《しぐれ》という言葉があるが、時雨《しぐれ》というよりもスコールだ。

その土地によってセミの声も変わる。ということは、たとえば小説のなかで「セミが鳴いている」という描写があったとしても、舞台が東京なのか京都なのかで鳴き声は違っている。読者は「ミーンミンミン」を思い描いていても、著者は「シュワシュワシュワ」のイメージで書いているかもしれない。

もっとも、昔は京都や大阪もミンミンゼミのほうが多かったという人もいる。クマゼミは南方系のセミで、地球温暖化の影響で近畿地方にも進出してきたというのだ。そうだとすれば、セミの声は土地によってだけでなく、時代によっても変わるということだ。

八月　夏の京都の熱帯夜

月の三分の一ほどを京都で暮らしていると話すと、たいてい「夏は暑くて大変でしょう?」と訊かれる。「はい。ほんとうに」と答える。東京もかなり暑いが、京都の暑さは温度計の数字以上だ。たぶん、盆地で風があまりなくて、湿度が高いからだろう。日が暮れても気温が下がらず、寝苦しい夜がつづく。

初めての夏は、会う人ごとに、「夜はどうやって寝ていますか?」と質問した。ところが、回答は人によってまちまち。京都人ならではの、決まった暑さのしのぎかたはないようだ。

ある人は、寝る前に寝室のエアコンをフル稼働させ、ギンギンに冷やしておくのだという。寝るときはエアコンを止め、布団をかぶって眠ってしまう。部屋がまだ冷えているうちに眠ってしまえば、朝まで大丈夫だという。

昼間と同じ温度設定でエアコンをつけ、春や秋と同じように布団を掛けて寝るという人もいる。喉を痛めないのか、心配になる。

エアコンは使わず、そのかわり家じゅうの窓を全開にして、バスタオルだけお腹に掛けて寝るという人もいる。防犯は大丈夫なのかと気になる。

そのほか、扇風機を首振り状態でつけっぱなしの人、とにかく何もしないでじっと耐える人と、すごし方はさまざまだ。

よく聞いてみると、同じ京都市内でも、場所によってしのぎやすさが違うようだ。東山や北山など、山と森が近いところは涼しそうだし、街中でもマンションの高層階は意外と風が通るらしい。

いろんなやり方を試してみて、わたしたち夫婦がたどり着いたのは、やや高めの温度設定（二九度ぐらい）で一晩中エアコンを運転させ、サーキュレーターの低速回転で寝室内の空気をゆっくり動かす、というもの。暑がりでエアコン耐性のある妻も、寒がりでエアコンに弱いわたしも、これなら眠れる。

いくら京都でも、朝はいくぶん涼しい。原稿書きなど仕事は朝の早い時間にすませる。（ときどき）京都暮らしをはじめて、わたしはすっかり早寝早起きになった。

昼ごはんを食べたら三〇分ぐらい昼寝する。日が高いうちはできるだけ外出しない。やむをえず外出するときは、長袖のシャツを着て帽子をかぶる。目にはサングラス。京都の飲食店の冷房は強烈だから、カーディガンを忘れないようにする。日没を待って飲むビールは最高だ。冷房で冷えた体には燗酒がしみる。

八月　鮎と鱧

夏の京都は、なんといっても鮎《あゆ》と鱧《はも》だ。

わたしが初めて鱧という魚の存在を知ったのは、小津安二郎の遺作、『秋刀魚の味』だった。学生のころちょうど小津リバイバルで、あちこちの名画座がよく特集していた。三本立てやオールナイトで見た。

映画では、笠智衆や中村伸郎ら中学校の同級生が、四〇年ぶりに恩師の東野英治郎を招いて食事をする。椀ものが出て、東野英治郎が、これは何かと聞く。鱧だといわれ、「これが鱧ですか。魚偏に豊」と宙に字を書く。散会後、同級生たちは、「ひょうたん（恩師のあだ名）、鱧食ったことなかったらしい」「字は知っていたけどな」などという。四〇年前は厳しく威張っていただろう教師と、四〇年後には教え子たちがそれぞれ高い社会的地位につき、いわば逆転してしまった関係を鱧ひとつで描いている。

鱧料理は骨切りをしてあるのが特徴。以前、取材した堺の刀鍛冶は、刀剣だけでなく料理人用の庖丁などもつくる職人で、骨切り包丁も得意だった。「わたしらの庖丁のおかげで、京都の鱧もやすう食べられるようになったんですわ」と胸を張っていた。

鱧は椀もののほか、蒲焼きや照り焼きにもするが、わたしは「おとし」がいちばん美味いと思う。梅肉しょうゆでさっぱりと食べると、とたんに涼しくなったような気がするから不思議だ。

鱧がかなり恐ろしい姿かたちをしているのに対して、鮎は可愛らしい。

鮎は時期によって味や食感が変わる。初夏の柔らかい稚鮎《ちあゆ》もいいし、盛夏の歯ごたえのある鮎もいい。刺身、天麩羅と食べ方もいろいろあるが、やっぱり塩焼きがいちばん。蓼酢《たです》を考案した人は天才だと思う。

料理人の話では、鮎の姿がカーブを描き、胸びれがきれいに立つように焼くのが苦労するところ。箸をつける前に、まず目で味わう。

八月　送り火

八月一六日は五山《ござんの》送り火。観光客はつい「大文字焼き」などと言ってしまうのだが、それを聞いた京都人は、「へえ、そないな饅頭だか煎餅だかがおますの？　いちど食べてみたいわ」と返すのだとか。

　この日の午後、寺町通の矢田寺（矢田地蔵尊）の前を通りがかると、送り鐘が撞《つ》かれていた。お盆で帰ってきていた先祖の霊を、冥土へ送る鐘である。

　送り火の点火は午後八時。東山如意ヶ嶽の大文字から始まる。日が暮れた七時ごろから、送り火のよく見える鴨川右岸に人びとが集まっていく。いちばんの人気は賀茂大橋の周辺で、早い人は夕方から待っているそうだ。

　わたしは毎年、場所を変えて送り火を見てきた。知人の案内で上京区のマンションの屋上で見た年は、大文字、妙法、船形、左大文字、鳥居形と、反時計回りに火がついていくのを見た。毎日新聞社のホールから見た年もある。ホールの窓から東山の大文字がよく見えた。京都御所の寺町御門から見た送り火は、周囲に街灯やビルの明かりが少ないので、闇とのコントラストが見事だった。

　見えなかった年もある。二〇一六年は点火の少し前から雨が降りだし、点火のころには土砂降りになった。丸太町橋から東の方を見るが、火がついたのかどうかもわからない。麻の着物はずぶ濡れになった。翌日の新聞で無事に火がついたことを知った。

　わたしのおすすめは丸太町橋から荒神橋《こうじんばし》あたりを歩きながら見ること。真っ暗な山に小さな火がつき、広がって「大」の字になり、やがて消えていく。わずか三〇分程度だろうか。消えていく火を見ながら、両親をはじめ、さまざまな死者のことを思う。

八月一八日は下御霊神社の例祭。神輿が町内を回り、屋台も出る五月の還幸祭《かんこうさい》とは違って、静かにとりおこなわれる。前夜には「御神楽《みかぐら》」が、例祭では「東遊《あずまあそび》」が奉奏される。いちひめ雅楽会による歌と舞は、笛と篳篥《ひちりき》、和琴《わごん》というシンプルな楽器の伴奏。現代の感覚からするとかなりゆっくりしたリズムで、平安時代の人びとはこういう時間を生きていたのかと想像する。歌詞の意味も、今ではよくわからなくなっている部分があるそうだ。

送り火が終わると涼しくなる、と京都の人びとは言う。たしかにそう言われてみると、湿度がいくぶん下がり、少し風も感じられるような気がしてくる。

八月　地蔵盆

五山送り火の翌週末は、地蔵盆を行う町内が多い。街のあちこちに祀《まつ》られているお地蔵さんのお祭りである。

町内の集会場や一般家庭の玄関、ガレージなどに祭壇を作り、お堂から移したお地蔵さんを祀って飾りつける。お堂の前にテントを張って行う町内もある。町内には子供の名前を書いた提灯が吊される。スーパーマーケットにはお菓子の詰め合わせが「地蔵盆セット」として並ぶ。大中小とお菓子の量によってサイズがある。

京都ですごした初めての夏、地蔵盆がどういうものなのかわからなくて困った。ハロウィーンのようなものかとも思い、子供たちがお菓子を求めて家々を回る姿を想像した。お菓子を用意しておくべきだろうかと思い、しかし用意しておいて空振りでも困ると悩んだ。結局、大人でも食べられるクッキーやチョコレートを少し用意して、子供たちが来るのを待った。でも来なかった。というか、地蔵盆とはそういう行事ではないのだ。

残念ながらわたしの住む町内はお地蔵さんがなく、地蔵盆もない。小さな子供もほとんどいない。そこで、隣の町内の地蔵盆を見せてもらった。

地蔵盆は「子供のためのお祭り」とも呼ばれる。ゲームをしたり、お菓子を食べたり、子供が喜ぶことをする。タクシーに分乗して、ホテルでの食事会と水族館の見学会、という豪華プログラムの町内もある。一日で終わる町内もあるが、二日間行うところが多い。

地蔵盆のクライマックスは「数珠回《じゅず》し」だ。直径三メートルはあろうかという長い数珠を、みんなで輪になって持つ。お坊さんがお経を上げているあいだ、この数珠を回しつづける。

数珠回しのあと、お坊さんの法話を聞いた。地蔵盆の由来についてのお話だ。

「京都の町は桓武天皇が開かれました。ところが洪水や伝染病などがあって人びとが苦しみました。そこで仏さんにお願いしたのが始まりです。時代が下って平安時代の終わり、後白河天皇が京都の入口六か所にお地蔵さんを安置して悪い病気を防ごうとしました。さらに下って江戸時代、子供を亡くさはった親御さんがお地蔵さんをつくるようになりました。どうぞ亡くなった子供があの世で楽しく暮らせますように、と。そして、この世の子供たちを守ってください、とお願いしたんですね。これが地蔵盆のはじまりです」

三歳ぐらいの子供も、静かにお坊さんの法話を聞いている。

地蔵盆が終わると、大人たちは後片づけ。そのあとは缶ビールを飲みながらふたたび世間話に興じる。こうして京都の夏が終わる。

八月　京都の地蔵たち

隣の町内の地蔵盆に参加させてもらってから、京都のお地蔵さんが気になってしかたない。ふだん散歩をしていて、お地蔵さんを見つけるとスマホのカメラで撮るようになった。スマホだとGPSで撮影場所が記録されるので、あとで見てもどこのお地蔵さんなのかすぐわかる。お地蔵さんはどれも同じようでいて、よく見ると形態はさまざまだし、町内によって祀りかたも違う。

京都にお地蔵さんが多いのは、平安時代、後白河天皇の信仰がきっかけだったと伝わる。

親に先立って死んだ幼子《おさなご》は、賽《さい》の河原で石を積む。しかしいくら積んでも鬼が来て崩してしまう。それを哀れんだ地蔵菩薩があらわれ、身代わりとなって救ってくれる。そのため、お地蔵さんは子供を守ってくれるものとして、いまでも信仰を集めている。地蔵盆が「子供のお祭り」といわれるのもそのため。

お地蔵さんは全国各地にある。野外で雨ざらしになっているものが一般的だろう。

雨ざらしのお地蔵さんは傷みが早い。熱で膨張と収縮を繰り返すうちに割れたり欠けたりするからだ。ところが京都のお地蔵さんは祠《ほこら》に鎮座している。祠の設置場所や形態は町内によってさまざま。家と家の隙間でひっそりとしている祠もあれば、住宅やオフィスビルの一部として組み込まれている祠もある。豪邸住まいのお地蔵さんもいれば、シンプルライフのお地蔵さんもいる。

朝、花を供えて手を合わせ、夕方、花を下ろして手を合わせる。散歩していると、そういう光景にであうこともある。たいていお地蔵さんの世話をしているのはお年寄りだ。

高齢化と少子化に悩む町内は京都にも多い。世話をする人がいなくなったお地蔵さんを、お寺に移す町内もあるそうだ。市内を散歩していると、わが町内と同様にお地蔵さんを見かけない町内もある。やがて消えゆくものだとしたら淋しい。

九月　きのこの季節

寺町通三条を通りがかると、「とり市」の店先に松茸が並んでいた。そうか、きのこの季節か。

金木犀《きんもくせい》が香るころが松茸の季節だと聞いたことがある。おいしそうだ。ただし形のいいものは値段もいい。気軽に「ちょっと晩ごはんのおかずに」とはなかなかいかない。

晩ごはんを食べに入った四条の和食店で「今日のおすすめは？」とたずねると、椎茸のステーキはどうかといわれた。注文して出てきたのは、肉厚でおいしい椎茸。干した椎茸もいいけど、新鮮な生の椎茸もまた格別だ。

雨が降った翌日、鴨川の河原や東山のあたりを散歩した。草むらを歩いていて、きのこが生えているのに気づいた。しゃがんでよく見ると、いろいろなきのこが生えている。名称などはわからないが、それぞれかわいらしい。

京都御所（御苑）や城南宮の神苑《しんえん》にも、あちこちにきのこが生えている。きのこウォッチングをはじめると、時間があっという間に過ぎていく。

もしかしたら松茸があるかもしれないと、松の木の下を探してみた。百科事典を見ると「日本全土のおもにアカマツ林に発生」とあるので、赤い幹の松のまわりを重点的に探したのだが、もちろん見つからない。もし見つけたら、それは発見者のものか、それとも庭を所有する神社のものか。

毎年この季節になると、間違って毒きのこを食べて食中毒になる事件がよくある。

「見た目が美しいきのこには毒がある」と聞いたことがあるが、ほんとうだろうか。「柄が縦に裂けるきのこは食べられる」という人もいるが、信じない方がよさそうだ。素人としては、安心できる店で提供されるものだけ食べるのが最善策だと思う。とりあえず、私有地であろうと、公共の場所であろうと、採るのではなく、撮るだけにしておこう。

九月　梨木神社の萩まつり

九月の終わり、梨木《なしのき》神社で萩まつりがおこなわれる。

梨木神社は京都御所（御苑）のすぐ東にある神社。幕末の公家、三条実万《さねつむ》と三条実《さね》美《とみ》の父子を祀り、創建は明治一八年（一八八五年）というから、京都ではかなり新しい神社のひとつだ。ちなみに時代祭の行列のゴールでもある平安神宮はさらに新しく、明治二八年にできた。

梨木神社の境内は御所の森がそのまま連続しているように見え、鬱蒼としている。さまざまな樹木があるが、萩の名所として知られ、「萩の宮」とも呼ばれるほど。秋、拝殿に向かう小道の両脇には、たくさんの萩が可憐に咲いている。とても控えめな花で、そこにグッとくる。赤だけでなく、白い花をつけた萩もある。

だが、それだけではない。この時期、梨木神社の萩には短冊が吊されている。近づいて見ると俳句が書かれている。これを一つひとつ読んでいくのも楽しい。

萩まつりでは府市民俳句大会で献詠され、その俳句が吊されている。朝日新聞社賞をはじめ、各賞を受賞した俳句も掲示されている。拝殿では献花式や弓術、狂言、舞楽、尺八などが奉納される。

梨木神社には「染井《そめい》の井戸」がある。京都の三名水のひとつだ（あとの二つは四条油小路の菓子店亀屋良長《かめやよしなが》の店内にある醒ヶ井《さめがい》と、御苑の中にある県井《あがたい》）。手水舎は水をいただきに来る人が途切れない。大きなポリタンクを持って、クルマで来る人もいる。茶室「虚中庵《きょちゅうあん》」では、毎月、第三日曜日に、この名水で点てたお茶をいただけるそうだ。

残念なことに、この梨木神社の門をふさぐようにマンションができた。神社の維持費を捻出するために、敷地の一部を不動産会社に定期借地として貸したのである。マンション建設に反対する神社本庁を脱退してまでのことだった。京都の人びとならずとも、なんて罰当たりな、と思う。

一〇月　時代祭

一〇月二二日は時代祭が行われる。葵祭、祇園祭とともに、京都三大祭のひとつだ。旧暦で七九四年（延暦一三年）のこの日、桓武天皇が平安京に都を遷したのにちなむ。明治時代から平安時代のはじめまで時代をさかのぼるように、それぞれの装束を着た人びとが、京都御所から平安神宮まで行列する。

平安神宮は一八九五年、平安遷都一一〇〇年を記念してつくられた。桓武天皇と孝明天皇が祭られている。時代祭とその行列が始まったのもこの年だ。第一回のコースは現在と少し違って、寺町通御池の市役所前を出発したという。

現在の行列は御所の建礼門前を正午に出発する。幕末の維新勤王隊が先頭で、行列の最後は桓武天皇と孝明天皇の神輿だ。なにしろ行列の規模は二〇〇〇人にも及ぶので、神輿が御所を出るのは二時ごろになる。

この日の朝は、裃《かみしも》を着た人がわが家の前を通る。行列に参加する人が、自宅からすでに衣装を着て御苑に向かうのだ。行列は学区ごとに分担が決まっていて、夏になるとあちこちの町内に参加者募集のポスターが張られる。

昼前の御苑を歩くと、出番を待つ人びとが、弁当を食べたり、記念撮影したりしているのに遭遇する。馬や牛も待っている。のどかだ。皆さん、それぞれの時代の装束を着ているので、その中に混じっていると、タイムトリップしたような気分になる。

御苑の堺町御門の前で行列を見物しながら、八三歳の婦人と話した。五年前に亡くなった彼女の夫は雅楽奏者だったそうで、神輿の前を進む「前列」を五〇年あまりも務めたのだという。胸には夫の遺牌を捧げ持つようにしている。

途中から雨が降ってきた。婦人は傘を広げながら「雅楽の笙《しょう》や篳篥《ひちりき》は、濡れると困るの」「装束は濡れたらすぐクリーニングに出さんとあかん」と教えてくれる。「前列」が通りすぎるとき、彼女は楽人《がくにん》に声をかけ、遺牌には「お父さん、皆さん今年もじょうずに行列しはりましたね」と語りかけていた。

一一月　猪子餅とお火焚き饅頭

一一月、京都の菓子店には、猪子《いのこ》餅とお火焚《ひた》き饅頭が並ぶ。猪子餅は東京でもよく見かけるが、お火焚き饅頭は知らなかった。どちらも厄除けと招福の意味があるそうだ。

茶の湯の世界では一一月に風炉《ふろ》から炉へと替わり、炉開き（開炉）の茶会を催す。新茶を詰めた茶壺を開ける口切りの茶事もこの時期に行われる。一一月はいわば茶の湯の世界の正月であり、その席で出される菓子が猪（亥）子餅だ。

猪子餅はイノシシの形をしている。イノシシやイノシシの子を意味する猪子《いのこ》と、陰暦一〇月上の亥《い》の日を意味する「亥の子」をかけた、いわば語呂合わせである。イノシシは多産なので、子孫繁栄をイメージさせる縁起のいい動物とされている。

亥の子の亥の刻に猪子餅を食べるのが「亥の子の祝」。亥の子の祝は五穀豊穣を感謝する儀式だ。しかし、亥の刻といえば夜の一〇時ごろ。けっこうボリュームのある餅菓子を寝る前に食べて、胃もたれしないのかと心配になる。なお、江戸時代はこの日から炬燵《こたつ》を使ったのだとか。秋が深まり、もうすぐ冬という時季である。

京都御所の西にある護王神社では、平安時代から伝わる亥子祭が行われる。護王神社は和気清麻呂《わけのきよまろ》が祭神で、境内のあちこちにイノシシの像がある。道鏡の陰謀で配流《はいる》された和気清麻呂の、案内と警護をしたのが三〇〇頭のイノシシだったという伝説があり、イノシシが大事にされている。

もっとも、ウリボウは可愛いが、現実のイノシシは凶暴で怖い。京都市内でも鹿ヶ谷のほうではときどき出没し、襲われて大けがをする事件がときどき起きる。蹴上のウェスティン都ホテルのロビーにイノシシが入り込み、従業員が嚙まれたこともある。

　猪子餅は全国的にメジャーだが、お火焚き饅頭は京都を中心に西日本に伝わるもの。ほかではあまり見かけない。小判形のシンプルな蒸し饅頭で、火炎宝珠《かえんほうじゅ》の焼き印が押されている。中はこしあんだけの店もあれば、こしあんと粒あんの店もある。皮も白だったり薄茶色だったりとさまざまだ。

　一一月、京都の各神社では、お火焚き祭が行われる。日程や祭の次第は神社によって少しずつ異なるが、火を焚くところは共通している。こちらも亥の子の祝と同じく、五穀豊穣を感謝するもの。田畑を守ってくれた神様に感謝し、山にお帰りいただく儀式であり、火災除けを祈る儀式でもある。火はその霊力によって罪や穢《けが》れをはらい清めるが、同時に、火事の原因になる恐ろしいものでもある。京都はたびたび大火に襲われてきた。火の用心を肝に銘じながらお火焚き饅頭をいただく。

一月　火の用心

一月は市内あちこちの神社で「火焚祭《ひたきさい》」が行われる。火焚祭は、火の神に感謝し、無事を祈る行事。「おひたきさん」、すこしなまって「おしたけさん」ともいう。この時期の和菓子店には、炎の形の焼き印を押した「お火焚き饅頭」が並ぶ。

下御霊神社の火焚祭に参加した。

境内に丸太を組んだ火床をしつらえ、五穀豊穰や家内安全、厄除けなどの願いが書かれた護摩木を皆で焚きあげる。宮司が唱える大祓詞《おおはらえのことば》を聞いて、お祓いを受け、最後に火床で焼いたミカンをひとつずついただく。

宮司の話によると、昔から京都は火事が多く、洛中を焼き尽くすような大火事もあった。そこで無事を祈る火焚祭が始まったという。火除けだけでなく、冬の間、風邪などをひかぬようにという願いもこめられている。「この火で焼いたミカンを食べると、風邪をひかないといわれています」とのこと。火を加えたことで甘みが増したようにも感じる。

火焚祭のあと、寺町通の仙太郎で「おしたけさん」を購入した。この和菓子店ではお火焚き饅頭をこう呼ぶ。この饅頭も、食べると風邪をひかない縁起物。

古い町家の多い京都の人は、火災予防に敏感だ。各戸の玄関脇に消火バケツを置いている町内も多く、「火の用心」の夜回りもある。

二〇一六年の七月に先斗町の飲食店で火災が起きたときは、肝を冷やした。すれ違うのもやっとの細い道の両脇にぎっしりと木造の飲食店が並んでいて、さらにその通りから櫛の歯のように路地《ろうじ》が伸びている。一歩間違えると、街ごと焼失しかねない。行きつけの居酒屋の女将は「この街はいちど燃えてしまったら、二度と同じようにはつくられへんのです。日ごろから街で防火・防災の話し合いはよくしているんですが、あの火事からはさらに敏感になりましたね」という。

火焚祭の翌週、京都御苑にある大宮・仙洞御所を見学した。ちょうど紅葉のピークで、王朝の貴族の気分をたっぷり堪能した。

御所は焼失と再建を繰り返している。仙洞御所も嘉永七年（一八五四年）の大火で京都御所とともに焼失。京都御所は再建されたが、皇位を退いた天皇（上皇・院）の住まいである仙洞御所は、そのとき上皇がいなかったことから再建はされず、小堀遠州による広大な庭園だけが残った。

仙洞御所のなかに柿本人麻呂を祀る柿本社がある。どうして万葉の歌人が上皇の御所にあるのかと不思議に思っていると、ガイドの宮内庁職員が説明してくれた。柿本人麻呂は防火の神様なのだ。

「『柿本人麻呂』をひらがなにして思い浮かべてください」と宮内庁職員はいう。

「『かきのもとのひとまろ』、『火気の元、火、止まろ（う）』ということです」

なーんだ、語呂合わせか、と笑ったが、この小さな社を勧請《かんじょう》した霊元上皇の、防火への思いも伝わってくる。

一一月　紅葉の穴場　石清水八幡宮

「紅葉《こうよう》は、どこ行かはったんですか？」と、晩秋になるとよく聞かれる。

「石清水八幡宮に」と答えると、「へっ？　あんなとこ、モミジありましたっけ」と驚かれる。そういえば、去年は「植物園に行きました」と答えて、「そりゃまた通《つう》ですな」とご近所の人にほめられた。

京都での一年目と二年目の秋は、永観堂や清水寺など定番の名所を回った。紅葉は素晴らしかったが、人も多く、あまりゆっくり見ていられない。そこで去年と今年は、ちょっとはずしてみたのだ。

もうひとつ、石清水八幡宮にお参りしたかった理由がある。龍安寺の方丈《ほうじょう》は、あの枯山水の石庭の向こうに石清水八幡宮を拝むように位置している、と建築学者に聞いたからだ。塀の後ろの木が高く伸びたので、いまは見えないけれど。それくらい石清水八幡宮は特別な神社なのだという。たしかに『平家物語』はじめ古典を読んでいると、天皇や上皇をはじめ貴族たちや武士たち、そして庶民の信仰を集めていたことがわかる。「やわたのはちまんさん」ともいうそうだ。ならば、一度はお参りしておかなくちゃ。

石清水八幡宮を京都の人は男山と呼ぶことが多い。京都人はたいてい小学校のときの遠足で一度は行ったことがあり、京阪電車で大阪に行くときいつも通過するのだが、大人になってわざわざ行く人は少ない。知名度のわりに空いている穴場だ。

たしかに石清水八幡宮はモミジの名所ではないかもしれないが、ケーブルカーの窓から見た景色は素晴らしく、京都の街を見下ろす展望台のモミジもなかなかきれいだ。もっとも、ケーブルカーだから一五分ぐらいは乗っているのかと思いきや、あっという間に到着する短さで、それにも驚いた。わずか三分。

参道の木々も、赤、黄、茶、緑と、色とりどりで楽しい。エジソンが電球に使ったという竹林も見事だ。鳥たちの声もよく聞こえる。参道をひとめぐりし、山の空気を胸いっぱいに吸い込むと、いい気持ちになった。

一一月　今年の紅葉　去年の紅葉

紅葉の見ばえはその年によってずいぶん違う。気温や降雨などの影響で、きれいに色づく年もあれば、そうではない年もある。何か月も前から予定を組んで京都で紅葉狩りなどというのは、ちょっとしたギャンブルなのである。この時期、ホテルは取りにくく、清水寺や嵐山の周辺は渋滞でタクシーも動かず、祇園や先斗町の料理屋の値段は上がる。

二〇一五年の紅葉はちょっとおかしかった。カエデなどがいまひとつ赤くならなかったのだ。毎朝、お参りをしてお水をいただく下御霊神社のイロハモミジも、いつもなら一一月下旬には真っ赤になっているのに、この年は赤と緑が混じっていた。木によっては、葉が茶色く縮れたまま枝についているものもある。

南禅寺と永観堂を散歩した。さすが紅葉の名所といわれるだけあって、観光客でいっぱいだ。皆さんカメラやスマホで写真を撮っている。「シャッターを押してください」と声をかけられることもあった。

「こんなん、はじめてやな」

「せやなあ。ちっとも赤《あ》こうなってへんな」

「今年はおかしいわ」

女性ふたりの会話が聞こえてきた。服装から察するに、市内に住む人のようだ。例年に比べて今年の紅葉は違うといっている。

ご飯を食べに入ったお店やカフェでも、「今年の紅葉はあきまへんね」という話がよく出る。秋の気温の下がり方が一度ほど足りなかったのが原因だなどと、妙に厳密な話になったりもする。こういう話題で座持ちするのが京都らしい。

うちの庭の面倒を見てくれている庭師さんは、「去年が良すぎたんですわ」という。たしかに一四年の紅葉は見事だった。

それでも、毎日見ていると、赤と緑の混ざった紅葉や、茶色く縮れたまま枝についているカエデも、それはそれで風情があると感じてくる。いまいちきれいではない紅葉というのも、珍しくていいかもしれない。

一五年は一二月に入ってから、修学院離宮から曼殊院、そして詩仙堂へと歩いた。すでに紅葉は終わりかけていたが、比叡山のふもとのこのあたりは標高もあり、洛中・洛東とはひと味違う。一四年ほどではないのかもしれないが、美しい紅葉風景が広がっていた。

一一～一二月　南座のまねき上げ

師走の風物詩といえば、南座の顔見世興行である。

四条大橋の東側、四条通と川端通の角にそびえる南座はランドマークのひとつだ。鴨川からも四条通からもよく見える。

南座の正式名称は「京都四條南座」といい、江戸時代、元和年間（一六一五～一六二四年）にその起源を持つ日本最古の劇場。もともと歌舞伎は出雲《いずもの》阿国《おくに》が四条河原で「阿国かぶき」をはじめたのがルーツといわれる。南座の西側には石碑が、四条大橋のたもとには阿国の像がある。

南座を経営する松竹も、京都がはじまりだ。双子の兄弟、大谷松次郎と竹次郎が興した。二〇一五年は竹次郎が新京極で歌舞伎を興行して一二〇周年だった。

毎年、一一月末から一二月下旬まで、南座では東西のスター役者たちが勢揃いする「吉例顔見世興行」が上演される。翌年の興行に出演する役者の顔ぶれをお披露目する、という意味で「顔見せ」。役者の名前を木の板に勘亭流で書いた看板を「まねき看板」または、たんに「まねき」という。一一月二四日の夜から二五日の朝にかけて、その看板を南座正面にとりつける「まねき上げ」がおこなわれる。

二〇一四年の顔見世興行は、舞台の板を二三年ぶりに張り替えた「新檜舞台開き」も兼ね、さらには一二月五日に三回忌をむかえた一八代目中村勘三郎をしのんでの演目もあった。これは見逃すわけにいかないと、昼の部を拝見した。

四つの演目のうち、『藤十郎の恋』は南座の前身である「都万太夫座《みやこまんだゆうざ》」と京都・四条の茶屋が物語の舞台。一八代目中村勘三郎をしのぶ『仮名手本忠臣蔵　七段目　祇園一力茶屋の場』も、南座とは目と鼻の先にある一力茶屋でくり広げられる物語だ。檜舞台の上でのお芝居と、現実の劇場や茶屋とが、イメージの中で交錯する。歴史の長い南座ならではの感動がある。

その南座が二〇一六年の二月から耐震等のため改修工事に入った。一六年の顔見世興行は先斗町の歌舞練場でおこなわれた。ただし、顔見世興行の舞台は変わっても、まねきは南座に上がった。一七年の顔見世興行は岡崎のロームシアターでおこなわれる。まねきがどこに上がるのかが気になる。

文庫化にあたっての補注：まねきはロームシアターの正面（二条通）に上がった。南座改修は二〇一八年一〇月に工事完了。

一二〜一月　京都の年末年始

京都の年末年始は静かだ。一四四万の人口があり、年間五〇〇〇万人以上の観光客がやってくる大都市とは思えない静けさである。

もちろん四条河原町を中心に繁華街はにぎわっている。でも、たとえば寺町通の商店街は年末の二九日ごろから正月の四日、五日あたりまでお休みする店が多い。昔から続く年末年始のすごしかたを大切にしたいという気持ちが伝わってくる。料理店の店主に「ずいぶんたっぷり休むんですね」といったら、「市場《いちば》が休みやから、しゃあないですわ」と返された。

京都に住むようになってからは、毎年、近くの行願寺《ぎょうがんじ》で除夜の鐘を撞《つ》く。ご近所では「革堂《こうどう》さん」と呼ばれて親しまれているお寺だ。二〇一四年の大晦日も、ダウンコートに身を包んで開門を待つ行列に加わった。

夕方から降っていた雨も上がり、半月が見えている。一一時四三分、例年より二分ぐらい早く門が開いた。本堂にお参りしてから、順番に鐘を撞く。

鐘をついて、しばらく周囲を散歩する。けっこう遠くまで革堂さんの鐘が聞こえてくる。京都中のお寺が除夜の鐘をついたらものすごい音になるのではないかと、初めて年を越したときは心配になったのだが、意外と静かである。鐘撞き堂のないお寺もあるのだろう。

町内をひと回りしてから、革堂さんの隣、下御霊神社にお参りする。初詣である。同じように考える人は多いようで、参拝の列ができる。こちらもふだんは夜間閉門だが、大晦日から三が日は特別スケジュール。

二〇一五年の元旦は気持ちよく晴れた。ところがお節を食べているうちに雪が降ってきた。お屠蘇の酔いざましに散歩に出かける。寺町通の御池から北はお店も閉まっているし、人影もまばらだ。三条通から南はにぎやかだけど、それでもふだんの休日よりは静かだ。雪が積もり始めた鴨川で、遊んでいる親子がいた。

一二〜一月　京都の雑煮

京都の大晦日は、年越し蕎麦ではなくて年越しうどん……かと思ったら、そんなことはなかった。やっぱり大晦日の蕎麦屋には昼前から行列ができている。錦市場も上野のアメ横と同じく、カズノコなどを買う人で大にぎわいである。いずこも同じ、年の瀬。ただし、京都では「年越し蕎麦」ではなく「晦日そば」とよぶ。

京都ならではの年末風景といえば、三嶋亭など有名肉店の前の行列である。はじめて目撃したときは驚いて、友人に「京都の肉屋は大晦日に安売りでもするのか？」と聞いたところ、京都では大晦日にすき焼きをする家庭が多いのだという。

京都の雑煮は、東京のそれとは見た目も味もずいぶん違う。白みそを使っているからだ。はじめて食べたときは驚いた。こんな甘い雑煮なんてとんでもない！　と思った。

白みそ以外にも東京と違うところがある。まず、具材がシンプルだ。そして、大根は雑煮大根を、人参は金時人参を使う。雑煮大根は京都の八百屋ではじめて見た。ふつうの大根よりもかなり小さく、人参と同じくらいのサイズだ。まるでままごと遊びに使うのかと思うほどで、かわいらしい。金時人参はその名の通り真っ赤だ。

餅は四角い切り餅ではなく、丸餅を使う。大根も人参も、輪切りにして使う。年末のスーパー、デパートの食品売り場では、雑煮大根と金時人参が雑煮用のセットになって売られている。

東京の雑煮は醤油味。大根も人参もふつうのもので、短冊に切って入れる。鶏肉やコンニャクなどを入れる家庭もある。餅も、東京では切り餅を焼いてから入れることが多いのに対して、京都はゆでた丸餅を入れる。

東京の雑煮は具だくさんで、京都の雑煮はシンプルだ。最初は甘すぎると思った京都の雑煮も、食べ慣れると、こちらのほうが美しくておいしいと感じる。

一月　雪の大文字

二〇一五年の正月は、元日と二日、二晩つづけての大雪に、京都の人びとも驚いていた。三日の朝、いつものように下御霊神社でお水をいただいていると、ご近所の人が「こんなこと、めったにあらへんのに。どんな一年になりますことやら」と苦笑していた。雪の重みで軒先が落ちてしまったお宅もあるし、わが家も雨樋《あまどい》が折れてしまった。

悩んだのは雪かきだ。東京では大雪が降ると町内総出で雪かきをするので、京都でも遅れてはならじとご近所の気配をうかがい、出動のタイミングを待っていた。元日の夜のことである。ところが一向にその様子がない。心配になって町内をひと回りしたが、だれも雪かきなんてしていない。翌日になって周囲を見ると、みなさんそのまま。雪が自然と消えるのを待っているようだ。

かもがわカフェのマスター、大ちゃんに、「雪はほうっておくのが京都流ですか?」と聞くと、「というよりも、どないしていいんかわからんので呆然としとるんやないですかね。雪かきしても、捨てるところ、ないですし」という。

雪の京都で楽しみにしていたことがひとつあった。大文字山だ。如意ヶ嶽の西峰で銀閣寺の裏手にある。八月一六日の五山送り火では「大」の字に火が灯されるのだが、雪が降ると「大」がくっきりと浮かぶのだという。出町柳《でまちやなぎ》に住む友人が「雪が降った朝の大文字山がとてもきれいです」といっていた。

河原町通を丸太町の交差点から出町柳まで歩いた。建物の間からときどき大文字山が見える。街路樹や鴨川べりの木々の葉が落ちているので、見通しがいい。聞いたとおり、「大」の字が浮かんでいる。なかなかの景色だ。雪が降っても、京都は楽しい。

一月 御池桜

二〇一六年の正月は暖かかった。松の内は春先のような陽気で、コートなしで歩いている人もいるほど。元日から雪が積もった前年とはずいぶん違う。

御苑の梅林を散歩すると、もう花が咲きはじめている木がいくつかある。見ごろになるのはしばらく先だろうが、ぽつぽつと咲いている姿はかわいらしい。

御池通を歩いていて、桜が咲いているのに驚いた。これも暖冬の影響か！ と思ったのだが、枝から下がった説明板を読んで、それは早とちりだと知った。柳馬場通《やなぎのばんばどおり》との交差点に咲くこの桜は、「不断桜」という種類なのだそうだ。毎年、一二月から四月ごろまで花を咲かせるという。

辞書を引くと、不断桜はサトザクラの一種で、伊勢の白子観音にある白子不断桜は天然記念物になっているのだとか。よく見る染井吉野などは、ぱっと咲いてぱっと散るが、不断桜は数か月の間、つぼみが次々と出て、花を咲かせるのだそうだ。御池通のこの桜以外にも、大原の実光院や上京区寺之内通の妙蓮寺などにも不断桜がある。

御池通のこの桜は、中学校や保育園、老人ディサービス、レストランなどが入る複合施設、「京都御池創生館」ができた二〇〇六年春に植えられた。近隣の人びとは、この木を「御池桜」と名づけて大切にしている。ときどき行くおでん割烹の店で、御池桜を見たという話をすると、「ぼくはあの隣の中学校に通っていたんですよ」と若大将はいい、母親である女将も「きれいに咲きはじめましたなあ」という。たった一本の桜の木だが、そこから世間話がはずむのが京都らしい。

二月　神泉苑と恵方

二月といえば節分。節分といえば、豆まきと恵方《えほう》巻きである。恵方巻きは今世紀に入ってから、東京でも知られるようになった。コンビニの影響だろうか。その年の恵方を向いて太巻きを食べると縁起がいいといわれ、しかも食べ終わるまでひと言も話してはいけないという。もともとは大阪地方の習慣だったそうだ。

恵方とは、正月の神様がやってくる方角のこと。現在では、一年を通じて、その年の歳徳神《としとくじん》（＝その年の福徳の神）がいる方角とされている。二〇一六年は南南東が恵方だった。

二条城の南にある神泉苑には、この歳徳神をおまつりした社《やしろ》がある。なんとこの社、台座が三六〇度回転するようになっていて、大晦日の夜、次の恵方に向かって方違《かたたが》え式、つまり方向転換の儀式がおこなわれる。

神泉苑は平安京の大内裏を造営するときに創設されたというから、一〇〇〇年以上の長い歴史を持つ。かつては広大な敷地を持ち、池も大きかった。嵯峨天皇は弘仁三年（八一二年）、ここで「花宴《かえん》の節《せち》」をしたと『日本後紀』にあるそうだ。これが文献にあらわれた初めての花見だという。

人びとが干魃《かんばつ》に苦しんでいた天長元年（八二四年）、弘法大師（空海）は淳和天皇の勅命によりこの池畔で龍神（善女龍王）を呼び寄せ、雨を降らせた。以来、神泉苑は東寺のお寺となった。また、貞観五年（八六三年）、全国に疫病がはやり、神泉苑で御霊をしずめる御霊会がおこなわれた。このとき全国の国の数、六六の鉾を立てたのが、祇園祭のルーツだと伝わる。

徳川家康が二条城を造営したとき、神泉苑の敷地の多くは二条城に取られてしまった。ＪＲ二条駅の前から京都市役所の前を通って鴨川にいたる広い道を御池通というが、その「御池」は神泉苑の池を指すという説もある。

二月　下御霊神社の餅つき

二月一一日は下御霊神社の氏子餅つき祭。寒餅が奉納され、ぜんざいがふるまわれる。

午前一〇時にそろいの法被《はっぴ》を着た氏子の皆さんが社殿の前でおはらいを受けたのち、境内で餅つきが始まる。蒸したもち米のいい匂いがただようなか、氏子たちが交代で餅をつく。

「杵《きね》はこう構えて、ここらへんを狙《ね》ろうて」と、ベテランが若手にコツを伝える。つきあがった餅を手際よくまとめているのは、老舗和菓子店のご主人だ。

どんどん人が集まってくる。最初の餅がつきあがるころには、ぜんざいやきなこ餅、お神酒を受け取る人の行列が長くなって、いつのまにか舞殿《まいどの》（神楽殿）のまわりをぐるりと囲むほどの行列になった。

孫なのだろう、五歳ぐらいの子供を連れた女性が、「お餅、お餅」と叫ぶ子に「まずは御霊さんにお参りしてからな」と言い聞かせて社殿に向かう。

「毎年、この日にやるんですか？」

「そうですわ。今年は人が多いなあ」

「どちらから来はった？」

「岡崎のほうから」

行列に並びながら、前後の見知らぬ人と会話が始まるのも京都の気安さだ。ちなみに、岡崎は愛知県の岡崎市ではなく、京都市左京区の岡崎。平安神宮のあるあたり。超高級住宅地としても知られる。

前日の朝はまだ固いつぼみだった境内の白梅が、この朝は二つほど咲いている。そして、行列の人の熱気のためか、餅つき祭が終わるころにはもう一つ咲いた。

二都生活の行き着く先は――あとがきにかえて――

「ときどき、京都人」の生活は続いている。いくら歩いても京都に飽きることはない。まだ行っていないところや、体験していないこともたくさんある。同じところを訪ねても、そのつど発見や感動がある。「ときどき、京都人」は「どきどき、京都人」でもある。いやな思いをしたことはない。二都生活をすることで、京都での生活だけでなく、東京の生活もいきいきしてくるというのは、『そうだ、京都に住もう。』でも書いたとおり。東京にいるときは京都でなにしようかと考え、京都では東京を思うというのはなかなかいい。生活の拠点を複数持つと、楽しみは増える。

ただ、いつまでもこの生活を続けるわけにいかないだろう、とも思っている。やがて体力的に東京と京都の往復がつらくなるときがくるだろう。すでにクルマを運転しての往復はあきらめた。いつかの時点で、東京か京都か、どちらかを選ばなければならない。年寄りには京都のほうが住みやすそうだ。もしかすると、「ときどき、京都人」が「ずうっと、京都人」になるかもしれない。

本書は朝日新聞デジタルで二〇一四年六月から二〇一六年三月まで連載した「ときどき京都人」と、二〇一六年四月から二〇一七年三月まで連載した「京つれづれ」をもとに、大幅に加筆したうえ再構成したものである。「ときどき京都人」の発案は、当時、朝日新聞社京都総局にいらした田中京子さん。田中さんは京都の下京育ち、それも「ろうじ」の奥である。原稿を送るたびに田中さんは、「そんなこともあった」「思い出した」と反応。ときには「知りませんでした」ということもあって、そのつどわたしは得意満面だった。田中さんが退社され、担当は大村治郎さんに交代。連載名を「京つれづれ」に変更して、文体も変えた。長年、関西の学者や文化人を取材してきた大村さんは、学術について明るい。三年間、なんとか連載を続けられたのは、田中さんと大村さん、そして磯田晴久総局長のおかげである。ありがとうございます。

徳間書店の加々見正史さんが、「単行本に」と声をかけてくれた。原稿の取捨選択と再構成も加々見さん。ありがとうございます。

二〇一七年九月

文庫版あとがき

「ときどき、京都人」から「いつでも、京都人」へ

二〇二四年の春、わたしたち夫婦は東京と京都の二拠点生活を終えた。東京の家を手放して、京都に定住することにしたのである。「ときどき、京都人」から「いつでも、京都人」になった。もちろん「ほんまもんの京都人」だとはいわない。住民票では京都市民になったけれども、「よそさん」であることに変わりはない。

単行本のあとがきでも書いたように、二拠点生活はいつまでも続けられるものではないと最初からわかっていた。ただ、いつまで続けられるのかはやってみないとわからなかった。二拠点生活を始めた当初は、京都に通えなくなったら京都の家を手放すことになるのだろうと思っていた。体力が続く限り京都に通おう、あるいは、飽きるまで京都に通おう。だが、京都に通ううちに、京都に定住して京都を終《つい》の住処《すみか》にしたいと考えるようになった。

二拠点生活は楽しいが、体力と気力が必要だ。東京の家から京都の家までの移動そのものはそれほど大変ではないが、東京の家を三週間留守にするための準備――たとえば郵便局への不在届など――がこまごまとある。京都ではめいっぱい遊びたいから、仕事も前倒しで片づけておかなければならない。逆に、京都から東京に移動する日は、早朝から掃除と洗濯とアイロン掛けに追われる。けっこうくたびれる。

というわけで、本書の単行本が出たあと、還暦を迎えた二〇一八年ごろから、二拠点生活の終わりを意識するようになってきた。

東京に住むか、京都に住むか。ずいぶん悩んだ。東京の家は、以前、『狭くて小さい楽しい家』（原書房）にも書いたように、自由が丘という街が好きで、自由が丘に住み続けるために建てた家だった。土地を探し、建築家と打ち合わせを繰り返して建てた。わたしたち夫婦の生活スタイルに合わせた家だ。四方を本棚で囲んだ半地下の書斎と寝室も、高い天井と柱のないリビング＆ダイニングとキッチンも、日当たりのいいサンルームも、家の中のすべてが居心地よかった。大きなピクチャーウィンドーからは青空や流れる雲が見え、晴れた夜は月がきれいだった。周囲に植えたシラカシやサンシュユの樹は大きく伸び、柚《ゆず》やブルーベリーは毎年たくさんの実をつけた。

わたしたちは、毎日のように自由が丘とその周辺を歩いた。九品仏浄真寺《くほんぶつじょうしんじ》の境内や田園調布の宝来公園や多摩川台公園、東京工業大学（現・東京科学大学）の大岡山キャンパス、洗足池公園などを散歩するのも大好きだった。大好きなパン屋も多い。ショーマッカー（大岡山）のプレッツェル、セテュヌボンニデー（自由が丘）のパン・ドミ。秋はブランジェ浅野屋（自由が丘）のアップルパイが楽しみだった。コーヒー豆はKALM（カーム、尾山台）とカフェ・アランチャート（奥沢）がお気に入りだった。自由が丘ひかり街のペットショップでウサギやオウムを見るのが楽しかった。いつまでもこの街で暮らしていたいと思っていた。こうして書いていても、懐かしさで胸がいっぱいになる。

だが、京都の街の魅力を知ってしまった。もはや抗しがたい。京都御苑の南東に古い町家を購入したのが二〇一〇年の三月。それがかつて町家だったとわからないほど何度も改修された家だった。おそらく繊維関係の職人が住んでいたと思われ、ステンレスのポールが何本も水平に渡された部屋があり、物干し場を広く取ったベランダがあった。屋根裏部屋には作業場だった痕跡。無理やりつくったガレージ部分だけ柱と梁が鉄骨だった。リノベーションの設計と施工が終わったのが二〇一一年の四月末。そこから毎月京都に通って一、二週間を過ごすことを繰り返して、少しも飽きることはない。嫌な思いをすることもない。

一〇年あまりのあいだに京都も大小さまざまな変化があった。寺町通二条の三月書房や四条通のジュンク堂書店をはじめ、多くの書店が閉店した。一〇年前は徒歩圏に三店舗あったレンタルビデオ店は壊滅。移転・閉店した飲食店は数知れない。その一方で新しい店も次々とできている。もっとも、それは東京も同じだ。ことに自由が丘は駅前の再開発工事が始まって、わたしたちが「一生住み続けたい」と思ったころとは違う街になりつつある。

悩んだ末に、わたしたちは京都を終の住処に選んだ。決め手になったのは老後のライフスタイル。どのように暮らすか。

京都は年寄りに向いた街だと思う。盆地なので市内中心部は坂が少ない。坂があるのは盆地の縁の部分、たとえば清水寺や八坂神社や南禅寺や銀閣寺の裏の方で、坂が恋しくなればそちらを散歩すればいい。わたしは坂が好きだ。

たいへんコンパクトな街である。さまざまな機能が中心部に集約されていて、中心部に住めば、必要なところへはたいてい徒歩で行ける。わたしたちの家は京都御苑の南東にあり、鴨川にも近い。スーパーマーケットや八百屋、肉屋、酒屋、ドラッグストアなど小売店は徒歩圏内にたくさんあるし、クリニックや総合病院も多い。日常生活で不自由することは何もない。府立図書館や美術館、劇場、動物園などがある岡崎エリアも徒歩圏内だし、デパートやファッションビルなどがある四条界隈も歩いて行ける。美術館や劇場など、施設の数もプログラムも東京の方がはるかに多いが、わたしたちが住んでいた奥沢からはどこに行くにも電車に乗らなければならない。銀座も渋谷も上野もちょっと遠い街だ。

京都は時間がゆっくり流れている。この街に暮らしている人はせかせか急いでいない。それを痛感するのは新幹線を降りたときだ。東京から京都に着いて、新幹線中央口を出る。エスカレーターで上がると南北の自由通路がある。西側には伊勢丹。この自由通路を歩いている人の歩調がゆっくりしている。新横浜駅や品川駅だとこうはいかない。みんな急いでいる。なんだか殺気だっている。ぼんやりしていると突き飛ばされる。なんだか、一分、一秒を争っているみたい。流れる空気が違う。

それと、お茶のこと。もともと京都に住まいを持ったのは、茶の湯を続けたいからだった。数寄屋造りの茶室とまでいわないが、炉を切った畳の部屋がほしいというのが京都にセカンドハウスを持つ動機だった。東京の家には茶室がない。となると、二拠点生活をやめて一拠点にするなら、東京でお茶のできる部屋を確保するか、京都に住むしかない。お茶は続けたい。これも最終的に京都を選んだ理由だった。

自分の足で歩いて回れる広さ（あるいは狭さ）と、ゆっくり歩くような速度が、わたしたちには合っている。わたしたちは残りの人生を楽しむために京都を選んだ。

インバウンド、オーバーツーリズムと京都

京都に定住することにしたと知らせると、いろんな人から「インバウンドで大変じゃないですか？」といわれる。インバウンド。オーバーツーリズム。訪日観光客。観光公害。たしかにいろんなところで話題になっているし、あちこち散歩していても実感する。いちどコロナ禍で外国人観光客が激減し、それが二〇二三年あたりから激増した。円安もあってコロナ禍以前よりも多いという印象だ。京都ではコロナ禍前からホテルの建設があちこちで始まっていたが、ちょうどこのタイミングで一気に開業した。営業を中止していた既存のホテルも再開した。ゲストハウスのような廉価なホテルもあれば、超高級ホテルまでさまざまだ。

街を歩いていても外国人観光客が多い。ふだんよく歩く寺町通や新京極通でも、日本人よりも外国人のほうが多いと感じることがある。メインストリートから離れ、観光名所そばでもないわが家の前の道も、よく外国人観光客が歩いている。英語、フランス語、スペイン語、イタリア語、中国語、韓国語、いろんな言葉が聞こえてくる。

わたしの印象では英語とスペイン語と中国語が多い。

とはいうものの、京都市内まんべんなく外国人観光客がいるわけではない。歩いている人に占める外国人観光客の割合は、四条河原町から東大路の八坂神社前あたりが高くて、そこから北に行くに従って薄くなり御苑の北辺である今出川通を越えるとほとんど見かけなくなる。新聞やテレビ、ネットなどのニュースで取り上げるのは嵐山や清水寺などの観光スポットで、まるで京都じゅうが大混雑しているかのように思う人もいるかもしれないが、そんなことはない。東京じゅうが浅草や渋谷や銀座のようになっていないのと同じで。

外国人観光客は多いけれど、だからといって迷惑したことはない。バスが満員で乗れないという話を聞いたことがあるが、うちの近くのバス停ではそんなことはない。たぶん嵐山や祇園花見小路、清水寺など一部の観光スポットの話だろう。もちろんその地域の人にとっては迷惑極まりないことだけど。本書の単行本が出たとき、井上章一さんとトークイベントをした。井上さんは嵯峨野のほうで育った。七〇年代に女性誌の『アンアン』や『ノンノ』の影響で嵯峨野にも観光客が殺到し、道路脇の草むらに空き缶が捨てられるなど、ずいぶんひどかったそうだ。「外国人観光客が迷惑でしょうとよくいわれますが、日本人観光客も迷惑です」といっていた。日本には「旅の恥はかき捨て」という言葉もある。

観光立国などともいわれるが、定住者の視点で考えるとそう簡単なことではないと気づいた。インバウンドであれ国内からであれ、観光客が増えて直接的に潤うのはホテルや飲食店、一部の物販店などに限られる。そういう分野の雇用が増えて地域全体が潤うという間接的な効果もあるだろう。しかしデメリットもある。神社やお寺の行事も、本来は観光目的ではなく宗教行事であり、氏子や門徒、地域住民のためのものだろう。ショーではない。お寺でもご本尊は撮影禁止としているところが多い。地域の人が大切にしているものを、外から来て娯楽として消費するだけなら、あまりいい気持ちはしない。

街の人たちの話を聞いていると、外国人が不動産を購入することに警戒感を抱いている人はけっこういるようだ。バブルのとき日本企業がアメリカの不動産を買って反発する声があったのを思い出す。

コロナ禍と「ときどき、京都人」

コロナ禍のあいだも東京と京都の二拠点生活は続いた。

クルーズ船ダイヤモンド・プリンセス号の乗客が新型コロナウイルスに感染していたことが確認されたのが二〇二〇年二月はじめ。わたしたち夫婦は二月三日から一五日まで京都に滞在した。二月三日は節分で、廬山寺《ろざんじ》の鬼踊りと豆まきを見た。廬山寺は御苑の東にあり、かつて紫式部の住まいがあったところに建つ。二〇二四年のNHK大河ドラマの影響もあってよく話題になる。廬山寺の創建は天慶年中（九三八年〜九四七年）と同寺のサイトに書かれているが、当初の位置は船岡山の南で現在地ではない。応仁の乱で焼失し、天正年間（一五七三年〜一五九二年）に移ってきた。廬山寺を拝見していると、「そうか、この座敷で紫式部は庭を眺めながら『源氏物語』を書いたのだなあ」と考えてしまいがちだが、それは勘違い。

廬山寺の節分会は有名で、人もたくさん集まる。鬼踊りは赤、青、黒のカラフルな着ぐるみを着た鬼が登場して退治されるというストーリー仕立てになっている。鬼に象徴される不幸の種を払う。二〇二〇年の節分も大盛況だった。この日は下御霊神社の節分祭にも参加して、甘酒と御神酒をいただき、豆まきにも参加してお祓いを受けた。廬山寺ほどではないけれども、こちらも盛況。翌日の四日は吉田神社にお参りした。こちらの節分祭はさらに有名。四日は節分の翌日だが、まだ数軒だけ屋台が出ていて参拝者もいた。

ほとんどいつもと変わらない二月の京都だったが、ひとつだけ異変があった。それは中国からの観光客がいないこと。中国語がまったく聞こえてこなかった。いま考えると、それが予兆だった。

二月一〇日には平安蚤《のみ》の市を覗いた。平安神宮前の岡崎公園で開催される骨董市である。弘法さんの市や天神さんの市よりも、若手の出店者が多いという印象で、骨董市のニューウェイブと呼びたい。このとき医療用マスク五〇枚入りを一箱四〇〇〇円で売っている店を発見して、思わず笑ってしまった。店の人も「笑われちゃったよ」と苦笑していた。でも、たしかにマスクの逼迫《ひっぱく》が話題になっていた。翌日、ドラッグストアで七枚入りのマスクを見つけたが、一人一個限定だった。

二月一四日は南座で『勧進帳』を見た。一三代目市川團十郎が市川海老蔵として最後の公演。満席。劇場スタッフはもちろん、観客もマスクをしていた。

二月一五日、夕方の新幹線で東京に帰った。京都伊勢丹も京都駅構内も車内もふだんとあまり変わらない様子だった。

三月は三〇日から四月八日まで京都に滞在した。二月とは変わって、東横線も新横浜駅構内も人が少なかった。新幹線に乗ると、車両にはわたしたち夫婦以外は三人しかいなかった。そのうちの二人は名古屋で降りた。京都駅構内も人が少なかった。

京都市内中心部の某カフェチェーン店の従業員がコロナに感染したという情報があっという間に広まった。その店は営業を休止して無期限休業状態に入った。ホテルでは志村けんの訃報をきっかけに宿泊のキャンセルが相次ぎ、ほとんど休業状態になったという。わが家の近所の小規模なホテルは軒並み営業を中止した。

四月三日は嵐山に行った。桜が満開である。人は極端に少ない。こんなに人のいない嵐山を見るのは初めてだ。阪急の嵐山駅で降りて嵐山公園の桜を眺め、渡月橋を渡って福田美術館に入った。伊藤若冲展も人が少なくてゆっくり見られた。嵯峨嵐山文華館の百人一首展もほとんど貸し切り状態。大人気の中村屋のコロッケも行列なしで買うことができた。いま考えると（ということがコロナ禍については多い）、人のいない桜満開の嵐山なんて、最初で最後かもしれない。

四月四日は桜満開の御苑や木屋町通など歩いたが、ここも人が少ない。翌日歩いた鴨川河畔もほとんど人がいない。たいていの飲食店は通常通りに営業していたが、六日、昼ごはんを食べようと思って行った店は閉まっていた。引き戸を開けて覗くと、店の人から「いっぺん閉めさせてもらってるんで」といわれた。かわりに入った寺町通の割烹で、緊急事態宣言が出たらどうするのかと訊くと、「ようすを見てみないとわからない」と女将は不安げな表情でいう。骨董店の若い店主は、「毎年、四月はヨーロッパに買い付けに行くんですが、今年は無理そうですね」といっていた。四月七日、東京や大阪など七都府県に緊急事態宣言が出た。四月八日、東京に向かう新幹線のぞみの車両は、わたしたち以外に四人しか乗っていなかった。

五月は京都に行かなかった。葵祭は神事だけ行い、路頭の儀（行列）は中止になった。京都の緊急事態宣言解除は五月二一日、首都圏は五月二五日だった。

六月は二二日から七月一日まで滞在した。緊急事態宣言は解除されたが、東横線も新横浜駅も新幹線の中も京都駅も人が少なかった。下御霊神社にはいつもどおり茅の輪が出ていた。スペイン・バルのポキートに行くと大繁盛していた。飲食店も休業しているところが多かった。ある料理店の女将は「うちから感染者を出したら、この町で営業していけなくなる」と、怯えたようにいった。郊外で小売と飲食を兼ねたショップを経営する知人は、近所の人から抗議されて休業を余儀なくされた。お店でも街なかでも、咳ひとつ、くしゃみひとつで、周囲から睨みつけられるのは東京と同じだ。シェフも元気で、「先週ぐらいからお客さんが戻りました」といっていた。観光客の多い店は客が激減して苦しく、地元の常連客が多い店はダメージが少なく、と飲食店も二分しているようだった。

裏千家今日庵の近くで鵬雲斎《ほううんさい》大宗匠を見かけた。近くの道具屋で「大宗匠をお見かけした」というと、「暇なんじゃないですかね。お茶会は中止だし、海外にも行けないし」とスタッフがきわめて冷静にいっていたのがおかしかった。一碗を皆で飲み回すお茶会は、どこも中止になっていた。

京都市京セラ美術館に杉本博司展を見に行った。予約制になって、入口には体温チェックのゲートが設置されていた。街を歩くと休業している店も多く、外国人観光客が多かった中小のホテルも閉めているところが目立った。

それでも四条河原町界隈はコロナ禍前と変わらないくらいのにぎわいを取り戻していた。六月二八日には南禅寺の暁天坐禅会に参加したが、雨だというのに結構な数の参加者がいた。ただし人と人の間隔を空けるように指示された。

七月は二〇日から二九日まで滞在。東京から京都に向かう新幹線は、車両の三分の一ぐらいが埋まっていた。この年の祇園祭の山鉾巡行は中止。疫病払いの祭りなのに、実施できないというパラドクス。宵山もなかった。会所で粽の販売だけする山鉾もあったが、わたしは八坂神社の御旅所で粽をいただいた。七月二四日、例年なら後祭の山鉾巡行がある日。八坂神社にお参りすると、鈴の紐が感染防止のためにしまわれて、かわりに感応式の電子音が鳴るようになっていた。

八月は二四日から九月二日まで滞在した。相変わらず新幹線はガラガラ。京都の飲食店は混んでいるところとガラ空きのところ、そして休業しているところに三分されている。地元の常連が多い店はコロナ禍前と同じく混んでいる。

九月は二八日から一〇月七日まで滞在した。新横浜から京都に向かう新幹線の乗車率は目測で五割ぐらいだった。京都駅構内も人が少ない。駅売店からアルコール類が姿を消したのはいつからだったろう。外国人観光客の姿をほとんど見ない。

連日のようにKYOTOGRAPHIE京都国際写真祭を見て歩いた。例年は五月ごろに開催されるのだが、コロナ禍の影響で秋に延期された。会期変更で経費は増えたのに、撤退や縮小するスポンサーがあり、写真祭は深刻な資金不足に陥っていた。

そんななか、一〇月一日、個人的に大きなできごとがあった。アキレス腱を切ってしまったのだ。この日は朝から写真祭会場を見て回り、晩ごはんを三本木商店で食べた。ちょっぴりワインを飲んでいい気分になって鴨川河畔に降りた。みごとな満月が浮かんでいる。中秋の名月だ。川に近づこうと歩いていたら、暗がりで段差に気づかず、五〇センチほど落下し、転倒してしまった。左足首を傷め、引きずりながら帰った。妻が近くの薬局で買ってきた湿布薬を貼って寝た。このときは、大事になるとは思っていなかった。

翌日、翌々日になっても痛みは引かない。といっても、それほど激しい痛みではない。杖をつき（しょっちゅうぎっくり腰になるので、東京の家と京都の家それぞれに杖を常備している）、タクシーで写真祭会場を回り、料理店でご飯を食べ、酒を飲み、カフェでコーヒーを飲んだ。階段の上り下りも杖をついて、なんとかできた。建仁寺の塔頭《たっちゅう》、両足院の外山亮介展では、茶室を使ったカメラ・オブスキュラを見るために庭に降り、飛び石を渡るときにさらに足を傷めてしまった。それにもかかわらず、両足院から西木屋町四条上ルにある日本酒バーSAKE壱まで、杖をついて歩いた。いつもなら一〇分程度の距離が三〇分かかった。SAKE壱のカウンターにつかまりながら立ったまま「秋鹿」や「手取川」などを飲んだ。さすがに帰りはタクシーに乗った。

一〇月五日。腫れも引かないし、脚に力が入らないのはおかしいと考え、朝一番で整形外科のクリニックに行った。わたしが診察台にうつ伏せになると、ひと目見るなりドクターが「切れてる。アキレス腱断裂」といった。がーん。七日には東京に帰る予定だったので、手術するか温存療法にするかは東京に帰ってから決めることにして、ギプスで左脚を固定し、松葉杖を借りて帰った。しかし、呆れたことに、この日の午後もタクシーで出町柳まで出かけて写真祭を見て、燕燕で中華料理を食べた。無謀だと思うが、でも、アキレス腱断裂ってあまり痛くないんですよ。

結局、東京に戻った翌日の八日、近くの病院で診てもらい、翌朝に手術、月末まで三週間入院することになった。この入院生活とリハビリの日々は、人生について考える機会になったのだけれども、それはまた別の話。しかし、この経験は二拠点生活を終えることと京都定住への気持ちを確かなものにした。老後は坂のない町へ、と。リハビリを終えて京都に行くことができたのは半年後、二〇二一年の五月三一日だった。二〇二一年の後半からは、怪我をする前とほぼ同じペースで京都に通ったが、京都もコロナ禍の只中《ただなか》だった。地元客の多い飲食店も、客を入れた営業は休んで、テイクアウトだけにしているところが多かった。

　少し触れたように、葵祭、祇園祭、時代祭の京都三大祭りは、いずれも二〇二〇年、二一年と連続して中止になった。正確にいうと、お祭りの神事は非公開でおこなわれた。中止になったのは、葵祭の場合は路頭の儀という京都御所から上賀茂神社までの行列、祇園祭の場合は前祭・後祭の山鉾巡行および宵山の催し、時代祭は京都御所から平安神宮までの行列。ただ二一年の祇園祭では、山鉾建てだけはするというところがけっこうあった。休みが続くと山鉾を建てる技術継承ができなくなるかららしい。

京都に定住して気づいたこと

　東京の家を引き払い、京都に定住していちばん最初にしたことは、区役所への転入届提出と運転免許証の住所変更だった。転入届で驚いたのは、窓口で「京都では通りの名前も住所に入れることになっています」と告げられたことだ。具体的に住所を書くわけにはいかないので、仮の地名にすると、わたしたちの家は「京都市〇〇区△△町×××番地」だと思っていた。郵便物もこれで届く。しかし、窓口では「京都市〇

○区□□通◇◇△△町×××番地」という表記になるといわれた。□□と◇◇は通りの名前だ。しかも、選択肢がある。「□□通」ではなく「◎◎通下る」を選ぶこともできるというのだ。「京都市○○区◎◎通下る◇◇△△町×××番地」である。一瞬だけ迷った。◎◎通はメジャーな大きな通りで、□□通はちょっとマイナー。近所の人は知っているかもしれないが、京都市民でも「どこや、そこ」という人が多いと思う。◎◎通なら誰でもわかる。しかし、「下る」というのはなあ……。というわけで「□□通◇◇西入△△町×××番地」を選んだ。そういえばご近所でも、メジャーな通りの南に接しているにもかかわらず、わざわざ少し離れた南の通りの「上る」にしているお店や会社がある。今回、東京の家の売却手続きをしてくれた司法書士事務所も、竹屋町通の南にあるのに、名刺には「夷川通上る」となっている。どうしてなのか、ずっと疑問に思っていた。たぶん「下る」を避けたのだ。かくしてわたしの住所は「京都市○○区□□通◇◇西入△△町×××番地」という長いものになり、保険証にも運転免許証にもこの長い住所が記載された。

二〇二四年の夏は暑かった。京都だけでなく、日本中が暑かった。長くて暑い京都の夏。二拠点生活を始めるとき、いちばん怖れたのが暑さをどうしのぐか。結論からいうと、なんとかなった。夜、寝室は高めの温度設定にしたエアコンを朝まで運転させ、サーキュレーターを弱く運転するだけで睡眠不足に陥ることはなかった。

日中、特に午後は外出を避けた。殺人光線と呼びたくなるような光が注いでくるからだ。朝、少しでも涼しいうちに買い物を済ませようと考え、開店と同時にスーパーマーケットに入る。同じように考える人がけっこういるようで、店内はにぎわっている。

二拠点生活をしているときは外食が多く、家でつくるのは朝食ぐらいだった。もっとも、つくるのは妻だが。定住してからは三食、家でつくることが多い。あらためて気づいたのは、野菜が豊富で新鮮なこと。たとえば茄子にもいろんな種類がある。いまはスマホで検索するといろんな調理法が出てくるので、初めて使うような野菜でも大丈夫（と妻がいっている）。豆腐も美味しい。やはり京都の水がいいからなのだろう。このあいだ読んでいた『水と清潔』（福田眞人著、朝日選書）に京都の地下水は琵琶湖の貯水量の八割に相当するという話が出てきた。反面、新鮮で美味しくて安い魚は、東京に比べて入手が難しい。近所を見ても、新しい八百屋は次々とできているのに、魚屋はあまりない。あらためて内陸の街なのだなあと思う。北陸新幹線が京都まで延びてきたら、地下水に影響があるかもしれない。国交省は問題ないというが、国交省のいうことは信用できない。北陸新幹線もリニア新幹線も京都にはいらない。

季節の移り変わりについての感覚も少し変わった。二拠点生活のころは「点」で感じていた。特に御苑の森の緑や鴨川沿いの木や草花について。緑が深くなり、空の青も濃くなり、やがて緑のなかに黄色が混じり、赤や褐色が目立つようになっていく。きのうときょうでは風の匂いも違う。京都への定住を決めて本当によかったと思う。

文庫化に際しては小学館の齋藤彰さんのお世話になった。ありがとうございます。校閲からはたくさんの提案をいただき、単行本刊行時と状況がかわったものごとについては、最新情報をおぎなうようにした。

本書のプロフィール

本書は、二〇一七年に徳間書店より刊行された同名の単行本に加筆・修正を施して文庫化した作品です。

小学館文庫

ときどき、京都人《きょうとじん》。

著者　永江《ながえ》 朗《あきら》

二〇二五年一月十二日　初版第一刷発行

発行人　庄野　樹
発行所　株式会社 小学館
〒一〇一-八〇〇一
東京都千代田区一ツ橋二-三-一
電話　編集〇三-三二三〇-五一三八
　　　販売〇三-五二八一-三五五五
印刷所——TOPPAN株式会社

この文庫の詳しい内容はインターネットで24時間ご覧になれます。
小学館公式ホームページ　https://www.shogakukan.co.jp

ISBN978-4-09-407423-9